U0474887

名师工程 卓越教师系列

新课程·新理念·新教学
丛书编委会主任：马立 宋乃庆

广东省教育科研"十三五"规划重点课题"'儒雅教育'：转型期提升学生品德素养的关键"（2017ZQJK027）研究成果

儒雅课堂

模式、策略与案例

谢文东 廖瑞欣 杨丰羽/著

西南师范大学出版社
全国百佳图书出版单位 国家一级出版社

图书在版编目（CIP）数据

儒雅课堂：模式、策略与案例/谢文东，廖瑞欣，杨丰羽著. —重庆：西南师范大学出版社，2020.5
（名师工程）
ISBN 978-7-5697-0116-6

Ⅰ.①儒…　Ⅱ.①谢…　②廖…　③杨…　Ⅲ.①课堂教学－教学研究　Ⅳ.①G424.21

中国版本图书馆CIP数据核字（2020）第073001号

名师工程系列丛书

编委会主任：马　立　宋乃庆
总策划：周安平
策　划：李远毅　卢　旭　郑持军　郭德军

儒雅课堂：模式、策略与案例

谢文东　廖瑞欣　杨丰羽　著

责任编辑：郑先俐
封面设计：晨罡文化
出版发行：西南师范大学出版社
　　　　　地址：重庆市北碚区天生路1号
　　　　　邮编：400715　市场营销部电话：023-68868624
　　　　　网址：http://www.xscbs.com
经　　销：新华书店
印　　刷：重庆荟文印务有限公司
幅面尺寸：170mm×240mm
印　　张：11.5
字　　数：168千字
版　　次：2020年8月　第1版
印　　次：2020年8月　第1次印刷
书　　号：ISBN 978-7-5697-0116-6

定　　价：35.00元

若有印装质量问题，请联系出版社调换
版权所有　翻印必究

《名师工程》
系列丛书

学术指导委员会
  主　任 顾明远
  委　员 陶西平 李吉林 钱梦龙 朱永新 顾泠沅 马　立
      朱小蔓 张兰春 宋乃庆 陈时见 魏书生 田正平
      张斌贤 靳玉乐 石中英 钱理群

编撰委员会
  主　任 马　立 宋乃庆
  编　委 卞金祥 曹子建 陈　文 邓　涛 窦桂梅 冯增俊
      高万祥 郭元祥 贺　斌 侯一波 胡　涛 黄爱华
      蓝耿忠 李韦遴 李淑华 李远毅 李镇西 李力加
      李国汉 刘良华 刘海涛 刘世斌 刘扬云 刘正生
      林高明 鲁忠义 马艳文 缪水娟 闵乐夫 齐　欣
      沈　旎 施建平 石国兴 孙建锋 孙志毅 陶继新
      田福安 王斌兴 魏　群 魏永田 吴　勇 肖　川
      谢定兰 熊川武 徐　斌 徐　莉 徐　勇 徐学福
      徐永新 严永金 杨连山 杨志军 余文森 袁卫星
      张爱华 张化万 张瑾琳 张明礼 张文质 张晓明
      张晓沛 赵　凯 赵青文 郑忠耀 周安平 周维强
      周亚光 朱德全 朱乐平

《名师工程》系列丛书

征稿启事

《名师工程》系列丛书是西南师范大学出版社策划、组织出版的大型系列教育丛书。丛书以新课程下的新教学为背景，以促进施教者的教育能力为落脚点，以提高教育质量、提升教师水平为宗旨。

丛书首批推出的"名师讲述""教学提升""教学新突破""高中新课程""教师成长""大师讲坛""教育细节""创新语文教学""教育管理力""教师修炼""创新数学教学""教育通识""教育心理""创新课堂""思想者""名师名课""幼师提升""优化教学""教研提升""名校长核心思想""高效课堂""创新班主任""教育探索者""名师解码""名师教学手记""国际视野"等系列，共200余个品种，其余系列也将陆续出版。为了让广大教师有一个交流、借鉴的机会，同时也为了给广大教师提供更多、更好的图书，《名师工程》系列丛书编辑出版委员会特向全国教育工作者征集稿件。

稿件要求：

1.主题鲜明、新颖，有独创性。
2.主题以提升教育能力为主，也可适当外延。
3.主题要有一定规模、有典型案例支撑。
4.案例要贴近教育实际，操作性强。
5.文章、书稿结构清晰，语言精彩。

书稿作者在选题确定之后，请及时与我们做好沟通，具体事宜确定好之后再进行创作；也欢迎用已经完稿的稿件投稿。一线教师如希望参与图书案例的创作，可联系我社策划机构，由策划机构备案，在适合的图书中参与创作。

真诚欢迎各位教师踊跃投稿。

联系方式：

西南师范大学出版社高教分社北京策划部
电话：010-68403096
E-mail：guodejun1973@163.com

前 言
PREFACE

  课堂不仅是学生学习知识和获得教育的主要场所，更是学校为社会培养人才的重要基地。在新课程改革要求提高学生核心素养和将传统文化教育融入课堂教学的时代背景下，国家和社会对学校的教学质量和人才素质培养的要求越来越高。2017年1月25日，中共中央办公厅、国务院办公厅印发的《关于实施中华优秀传统文化传承发展工程的意见》中指出，要将中华优秀传统文化融入基础教育中，并修订中小学道德与法治、语文、历史等课程教材。这为在基础教育教学中渗透优秀传统文化教育提供了依据，而在课堂教学中渗透优秀传统文化又大大提升了课堂意蕴，促进了课堂教学的深化与内化。

  湛江市第八小学是广东省一级学校、湛江市教改实验基地，被誉为湛江市"校园美、校风好、质量高、人才多"、具有办学特色的示范性学校。作为湛江市教学名校的湛江市第八小学以"承启办学、厚德育人、精益求精"为办学理念，以"爱我八小、为校争光"为校训，秉承"勤、和、思、端"的人文精神，始终把提高课堂教学质量、培养儒雅教师与儒雅学子作为工作重心，致力于打造儒雅校园文化，彰显儒雅之风，构建文明校园。近年来，湛江市第八小学结合中华优秀传统文化——儒家的教育思想以及新时代核心素养的要求，以先进的学习理论和教学理念为指导，进行传承优秀传统文化与培养核心素养相融合的实践，探索建构新的课堂教学模式。实际上，基于优秀传统文化的精神内核来探索和改善学习方式，重构课堂教学模式，已经成为新课程改革和素质教育中课堂教学变革的必然趋势。由此，我校提出以"儒雅课堂"为主题的小学儒雅课堂理论框架与实践模式，形成了具有儒雅特色的儒雅课堂教学模式。为此，我校为教师举办了多样化的学习活动，如"儒雅轩"教师朗诵沙龙、高质量的培训学习。另外，在教师管理方面，赏识、尊重、放权，更大程度地锻炼了教师的综合能力。

我们开设了国学教育活动课程"五个一"，包括一门国学拓展微课程、一个经典微信群、一个国学公众号、一副国学扑克牌、一套国学韵律操。在这"五个一"中，教师带领学生一起阅读经典、感受经典、学习经典、品味经典、运用经典，从而激发学生亲近国学的兴趣，提高学生的文化内涵，拓展学生的知识面，让学生在国学文化的滋养中儒雅成长。

儒雅课堂是传承优秀传统文化与培养核心素养相融合的新课堂，旨在通过以生为本的教育培养儒雅教师和儒雅学子，这是课堂教学变革的必然趋势，是提高课堂教学质量、为社会输送高素质人才的有效教学模式。本书将通过回顾儒雅课堂的"前世今生"，总结各学科各具特色的儒雅课堂教学模式，同时展示相关的经典课例，为教师完善课堂教学模式提供经验参考。

目录
CONTENTS

第一章 **儒雅课堂概述** / 1
 第一节 儒雅课堂提出的背景 / 3
 第二节 儒雅课堂的内涵 / 6
 第三节 儒雅课堂的价值与意义 / 11
 第四节 儒雅课堂的成效与启示 / 14

第二章 **语文儒雅课堂教学模式及经典案例** / 25
 第一节 语文儒雅课堂教学模式 / 27
 第二节 语文儒雅课堂的问题教学
    ——以《慈母情深》为例 / 32
 第三节 语文儒雅课堂的情境教学
    ——以《找春天》为例 / 39
 第四节 语文儒雅课堂的活动教学
    ——以《咕咚》（第一课时）为例 / 48

第三章 **数学儒雅课堂教学模式及经典案例** / 55
 第一节 数学儒雅课堂教学模式 / 57
 第二节 在生活中感悟数学
    ——以"搭配中的学问"为例 / 62
 第三节 在实践中感悟数学
    ——以"什么是周长"为例 / 69
 第四节 在欣赏中感悟数学
    ——以"图形的旋转"为例 / 76

第四章	**英语儒雅课堂教学模式及经典案例** / 83
	第一节　英语儒雅课堂教学模式 / 85
	第二节　培养学习兴趣的妙招
	——以"My family"为例 / 92
	第三节　探索活跃课堂的秘诀
	——以"Dinner's ready"为例 / 100
	第四节　展现儒雅课堂的魅力
	——以"Ways to go to school"为例 / 108

第五章	**道德与法治儒雅课堂教学模式及经典案例** / 117
	第一节　道德与法治儒雅课堂教学模式 / 119
	第二节　"活动+体验"式教学模式探索
	——以"周末巧安排"为例 / 126
	第三节　知识内化，品德升华
	——以"我很诚实"为例 / 133
	第四节　教学实践的创新与思考
	——以"可爱的动物"为例 / 139

第六章	**综合实践活动儒雅课堂教学模式及经典案例** / 147
	第一节　综合实践活动儒雅课堂教学模式 / 149
	第二节　走进中国传统节日的调查实践
	——以"走进中国端午节"为例 / 154
	第三节　了解日常饮食营养的问题研究教学
	——以"水果学问知多少"为例 / 160
	第四节　回顾成长足迹的总结反思教学
	——以"我的成长册"为例 / 166

参考文献 / 172

第一章
儒雅课堂概述

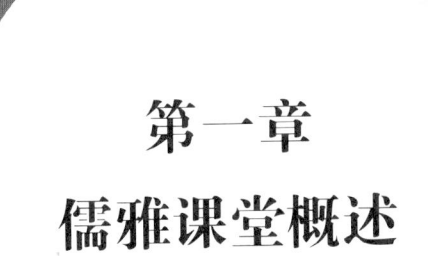

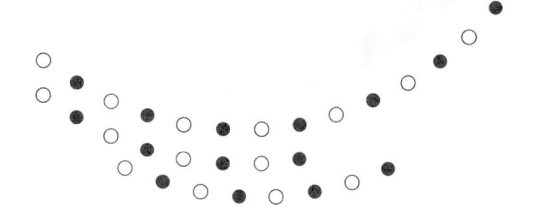

第一节

儒雅课堂提出的背景

儒雅课堂一直是我校课堂教学研究的核心课题。以儒家思想为代表的中华民族优秀传统文化蕴含着独有的人文精神、道德意识、价值观念，我们认为，对其进行传承和发展对学校教育具有重大意义，优秀传统文化与学科教学的融合将成为学校教育发展的必然趋势。从学习优秀传统文化的主题班会到开展国学公益课堂，再到让优秀传统文化进课堂，儒雅课堂凭借其以人为本、润物细无声的特点，点燃了学生的学习热情，提升了教师课堂教学的质量。实际上，基于优秀传统文化的精神内核来探索和改善教学方式，重构课堂教学模式，已经成为新课程改革和素质教育背景下课堂教学变革的必然要求。

一、重视优秀传统文化的影响

中国优秀传统文化经过了长期的历史积淀，具有博大精深和兼容并包的特点，有着丰富的内涵。将优秀传统文化与各科教学相融合，既是时代发展的要求，又是新课程改革的一大挑战。将优秀传统文化渗透到课堂教学中，能够改变传统课堂教学中教学内容单一的现象；能够活跃课堂学习气氛，极大地激发学生的学习兴趣；能够增强学生的民族文化自信，传递民族文化精神，使之增强民族自豪感，这些无论是对国家的长远发展还是对学校教育和学生发展来讲，都具有深远的意义。

中国优秀传统文化还具有极大的传承价值。对学校而言，学习传统文化中的科学管理方法能够为师生打造具有深厚文化底蕴、浓厚学习氛围的良好校园环境，从而使校园的精神面貌焕然一新；对教师而言，学习优秀传统文化能够激励自身，以"择其善者而从之，其不善者而改之"的态度自勉，以"学而不厌，诲人不倦"的态度提高自身专业学识，以"因材施教"的教育方法教育每一个学生；对学生而言，学习优秀传统文化能够消除自身的骄奢之气，修养身心，早日成为谦谦儒雅君子。

二、符合学生核心素养发展的要求

《中国学生发展核心素养》中指出，核心素养以培养"全面发展的人"为核心，分为文化基础、自主发展、社会参与三个方面，综合表现为人文底蕴、科学精神、学会学习、健康生活、责任担当、实践创新六大素养，具体细化为国家认同等十八个基本要点。随着素质教育的不断推行和课堂教学改革的不断深入，学生核心素养的养成已成为教育教学中的一大关注点，既是时代发展对人才培养的要求，也是课堂教学的重要导向。

培养学生的核心素养，要求教师在课堂教学中要从关注知识点的传授转移到关注学生发展，既要为学生各项知识技能的发展打下坚实的基础，又要促进学生在思想情感、态度和价值观等方面的发展。另外，还要求教师针对学生的认知规律、年龄特点和认知需求，回归教育本真。在课堂教学中，教师要打破多门学科之间的壁垒、课堂内外的界限，将各学科知识相互融合、渗透，将课堂内外一体化，从而使学生的个人发展与社会发展需求相适应，培养出具有独立自主精神、批判思想意识、正确价值观的，能够应对未来挑战的新一代青少年。

三、顺应以人为本教育理念的发展趋势

以人为本的教育理念体现于教育教学始终，贯穿于课堂教学和学生发展全过程，推动了素质教育的发展，是解决"办什么样的教育""怎样办教育"和"培养什么样的人"等根本问题的理论指导。我们在课堂教学

中贯彻以人为本的教育理念，需要端正学生观，认识到学生是发展中的人，学生是独特的人，学生是具有独立意识的人；认识到教育教学要为学生服务，要让学生成为学习的主体，要尊重学生的个性与差异，促进学生的个性发展，从而实现学生的全面发展，把学生培养成具有核心素养的人。

以人为本的教育理念要求学校探索出适合学生发展的教育。在传统课堂教学中，多重结果而轻过程，"教师主讲、学生听讲"的教学模式已经不再适合当今学生发展的需要。学校教育必须顺应社会的发展需求，探索出能够促进学生个体发展的教学模式，为学生搭建发展才能、展现价值、增进学识的舞台，充分发挥学生的优势，调动学生学习的积极性与自主性，让每个学生都可以接受适合的教育，从而快乐地学习与成长，拥有精彩的人生。

四、满足培养新时代创新型人才的要求

如今我国已进入建设中国特色社会主义的新阶段，我们的教育教学也正在急切地寻求一种能有效促进学生全面发展的教学模式，以培养具有文化素养和创新精神的新时代优质人才。习近平指出，创新始终是推动一个国家、一个民族向前发展的重要力量。探索基础教育人才培养的新模式，培养新时代创新型人才，是基础教育面临的新课题。而课堂教学作为学校教育和培养人才的主要方式，其教学模式的优劣以及教学内容的选择将直接影响人才培养的质量。

基于此，我校对传统课堂的教学模式、教学内容、教学策略等各个方面进行全面改革，打造了具有我校特色的儒雅课堂。

第二节

儒雅课堂的内涵

儒雅课堂是实现优秀传统文化回归并使之最终走进课堂教学的必然产物。同时，它也是科学、高效而又富有人文气息的创新课堂。为培育和践行社会主义核心价值观，提升学生的核心素养，我校从优秀传统文化中选取代表国学经典的儒家学说，并使之与学校教育的融合日益深刻。伴随着课堂教学思想内涵的不断丰富和发展，新的教学组织形式与教学内容不断涌现，课堂教学模式也在不断发生变化。我校构建儒雅课堂的核心在于用国学经典来变革和改进课堂教学，解决传统课堂教学中存在的技术与艺术、知识与能力、教学与德育长期被割裂等问题，旨在打造大气雅致的校园文化，并通过国学经典的引领，健全学生的人格，促进学生的全面发展和个性成长。

一、儒雅课堂的定义

要想正确构建儒雅课堂的目标与实施路径，首先要明确儒雅课堂的定义。何为儒雅？"儒雅"出自《〈尚书〉序》："汉室龙兴，开设学校，旁求儒雅，以阐大猷。""儒"指中华民族优秀传统文化的价值观，如仁、义、智、勇等；"雅"指这种价值观内化于心、外显于形时，在举手投足、言谈謦欬之间带给人的一种审美愉悦。"儒雅"常用来形容博学的儒士或者文人雅士，既可解释为学问精深，亦可解释为风度温文尔雅。何为教育？著名教育家诺丁斯认为，第一，教育人们使之成为有道德的人；第二，提供一种经得起道德检验的教育。华中师范大学杜时忠教授指出："何谓教育？它是通过道德上可以接受的方式以有价值的内容影响学生的活动！道德'本能的'、'天然的'包含在教育之中，道德理应是教育优先追求的价值目标。"将儒雅与教育相连接，就是将道德与教育相连接，旨在通过以人为本的教育，打造儒雅教师和儒雅学子，培养外表优雅、内涵博雅、谈吐文雅、举止典雅、气质高雅的人。

基于此，我校确定推行"儒雅教育"。为使"儒雅教育"进一步落实到课堂教学中，我校又构建了"儒雅课堂"。在大力弘扬优秀传统文化的当下，切实发挥国学经典、本土文化、书法文化、生肖文化等优秀传统文化在促进学生发展、健全学生人格中的独特作用，已成为变革传统课堂教学的必然趋势。为此，我校于2015年在结合系统的理论梳理与实践应用的基础上，首次正式提出"儒雅课堂"的定义：所谓儒雅课堂，即在秉持"和、活、实、新"四字要求下，构建活力课堂，使教学目标、内容、步骤、手段、评价均符合学生的认知规律和特点；通过循序渐进的教学流程和科学的方法，让学生在具体的一节课中能达到厚积知识、破难解疑、优化方法、提高能力、高效学习的境界。

具体来说，"和"是和谐，"活"是活泼，"实"是实在，"新"是创新。其实质是要求教师将生活中的鲜活题材，引入教学大课堂；以实际生活为依据，引导学生思考、活用课堂中学到的知识；把课堂教学生活化、情境化，开放小教室，做活大课堂。通过任务教学、情境教学、游戏教学等方法，不断把学生带入新的学习境界。因此，以"和、活、实、新"四字要求为导向构建的儒雅课堂，更强调学生在学习中的自主探究与合作分享。在课堂教学设计上，教师既要保持课堂教学方式的新颖，充分调动学生学习的积极性，又要给予学生充足的合作探究、动手实践的时间；在课堂学习氛围上，师生间的和谐包容要无处不在，教学要在轻松愉快的氛围中闪烁着智慧的光芒；在课堂教学内容上，坚持以"学校即社会，社会即课堂"为理念，尝试从现在向过去、将来辐射，从课堂向课外、校外辐射，把优秀的经典诗词引进课堂，把本土的、鲜活的优秀文化引进课堂，提高学生的个人修养，丰富学生的情感体验。

该定义提出后，得到了广大教师与家长的认可。伴随着儒雅课堂教学实践的持续深入，我们对儒雅课堂内涵及本质的认识也在不断深化。经过又一年的教学改革，我们明显感觉到儒雅课堂的理论与实践都发生了极其丰富且深刻的变化。为此，我们认为有必要在继承2015年提出的定义的基础上，对儒雅课堂的概念进行完善和提升，对其赋予新的含义。因此，我们将融入新元素的儒雅课堂最终定义为：重视核心素养的培养，以儒雅教育理念为依据，利用思维导图以及新一代信息技术构建活力、高效的新型课堂；实现教学设计灵活化、评价反馈及时化、交流互动个性化、资源推送精准化，创设师生平等、有利于知识构建的绿色学习环境。简单来说，就是把儒雅课堂的体系定位为课堂具体化、思维导图化、课堂研究化、教学绿色化。教师以儒雅课堂教学理念为指导，以建设和谐、活泼、扎实、创新的课堂为核心，自主选择教学方式；在绿色教学中要重视学法指导——思维导图的应用，通过充分下放话语权、培养学生的合作探究能力来提高课堂教学质量，实现师生同学、同研、同发展的目的。

从教学应用的视角来看，儒雅课堂是优秀传统文化与培养学生核心素养深度融合的产物，是新时代课堂教学形态的创新与发展。儒雅课堂的创新包含以下特征：一是教学方式具有多元性与灵活性。儒雅课堂是集传统与现代于一体的融通课堂，教师在备课时不仅可以灵活采用各种教学方式，还可以自主创新教学方式。正因为儒雅课堂在实际操作中不被束缚与限制，所以才衍生了众多学校特色课程，如由学生担任"小老师"的特色班会课、趣味科技课、书法课、国画课等。二是在学法指导上，重视思维导图的运用。学习是一门艺术，教学更是一门艺术。著名教育家陶行知有言："先生的责任不在于教，而在教学生学。"儒雅课堂的教学宗旨就是教学生学的方法。在课堂中引进思维导图，就是在教导学生学会自我学习的方法，旨在让学生掌握更有效率的学习方式。三是变"一言堂"为"群言堂"。改变传统教学模式，将课堂还给学生，在注重学生情感体验的基础上，让学生学会充分表达个人感受与体悟。

二、儒雅课堂的基本特征

在强调核心素养的当下，儒雅课堂具有以下基本特征。

1. 以包容与慈悲营造和谐课堂氛围

儒雅课堂是和谐的课堂。在和谐课堂中，绿色教育是其核心理念。绿色教育是一种艺术化的生命教育，是以人为本、充满生机活力，将"人的智慧、才干和人对人的爱"相统一的教育，是具有可持续发展的教育。教师以绿色教育理念为指导，通过包容的胸怀与慈悲的情怀营造充满人文关怀的课堂氛围，以情感装扮课堂，使师生的情感与教学文本中蕴含的情感相一致，当喜则喜，该怒则怒。在这种情意浓浓、轻松活泼的教学活动中，在这种和谐、诗意的课堂氛围中，师生的心灵距离得以拉近，学生的学习兴趣得以激发，学习的效率与质量得以提高。

2. 促进学生核心素养的有效发展

毋庸置疑，儒雅课堂利用一系列以优秀传统文化为底色，辅以先进的信息技术包装设计的课件、游戏等，打破了传统课堂的沉闷与单调，提升了课堂教与学的趣味性与生动性，但从本质上看，儒雅课堂构建与应用的根本目的在于提高学生的核心素养，更好地培养人才。因此，儒雅课堂强调成为实实在在、具有"干货"的课堂，课堂上的一切教学活动都在基于这一教学目标展开，课件、游戏或其他教学媒介都只是教师为达成这一教学目标而采用的辅助手段。在儒雅课堂上，教师将识字、计数、外语等的教学内容与学生的日常生活相融合，使每一个学生都能沿着符合自身成长方式的路径得到进步与提高。

3. 实施精准化、灵活化教学

儒雅课堂要求教师在课前、课中、课后的全过程，实施精准化、灵活化的教学：基于对学生知识、能力、心理等方面的准确分析，课前通过布置预习作业、推荐学习资源、进行预习测评和扩大学生对所学知识的背景认识等方式，深化学情分析，优化教学预设，增强教学的针对性；课中巧用各类教学方法，机智、灵活地处理课堂中的各种突发问题，促进互动交流，及时调整教学策略；课后布置多元、个性化的作业，对学生实施有针对性的课后辅导，真正实现因材施教。

4. 以反思带动课堂创新

要想培养具有创新意识与创新能力的学生，教师首先要成为一位善于创新的引领者。我们认为，教师在课后进行教学反思，是实现创新的重要因素。我们所说的反思，指教师以自己的职业活动为思考对象，对自己的教学行为以及由此产生的教学结果进行审视和分析的过程。在众多因素中，反思被认为是教师专业发展和自我成长中的核心因素，它隐含着三个基本概念：教师是专业人员，教师是发展中的个体，教师是教学研究者。儒雅课堂的"新"是创新，既包括教学方式的创新，又包括教学内容的创新。教师通过在课后的反思，实现课堂教学方式和教学内容的创新。

第三节

儒雅课堂的价值与意义

以"和、活、实、新"为基本要求的儒雅课堂，是一种有活力的新型课堂教学形态，它有效地避免了传统课堂中存在的很多问题，从而使学生的主体地位更加凸显，师生互动程度加深，课堂"儒雅"氛围浓厚，教学质量不断提高。儒雅课堂在教学实践中具有鲜明的"儒雅"特色和深远的应用价值，主要体现在以下几个方面。

一、有利于创设儒雅的学习环境

建构主义理论注重创设良好的学习环境。我校在创设学习环境时，注重挖掘传统文化内涵，重视湛江乡土特色文化建设，使校园充分体现出本土特色、人文情怀，因而形成了别具一格的校园学习环境。我们建有"六艺廊"文化长廊、校园传统文化宣传专版等；建有LED显示屏，滚动宣传优秀的传统文化；创办了《儒雅风》校报及"家校在线"校讯通平台等，立体传播优秀的传统文化。除此之外，学校创建良好学习环境的主阵地是课堂。在儒雅课堂上，学生的主体地位得以实现，自身的个性得以发展，师生关系也表现得和谐民主。不论是充满儒雅气息的校园文化，还是具有民主氛围的儒雅课堂，都以儒雅文化为基调，时时、处处流露出儒雅的韵味。经过大家的努力，现在的校园环境优美、舒适，充满书香气息，一花一草无不彰显着文化育人的氛围。这样的集人文性、科学性、趣味性于一体的校园大环境，非常有利于儒雅学习环境的创设；师生沉浸于浓厚的育人文化之中，非常有利于学生健康快乐地成长。

二、有利于提升师生的综合素质

为了将儒雅课堂的核心素养要求融入师生的日常生活中，我校以丰富多彩的德育活动为载体开展了一系列社会实践活动。在提升教师综合素质方面，建立了以教研活动整合校本研修的机制，各学科组定期开展教研活动，了解学科发展动向和最新研究成果，并邀请专家、名师到校指导教研工作，逐步提升了教师的教研能力和教研水平。学校还充分发挥老教师的"传、帮、带"作用，通过"拜师会"、骨干教师上示范课等方式，展示老教师、骨干教师精湛的"技艺"，同时，通过他们师德育人的示范，促进青年教师的专业成长。在提升学生综合素质方面，开展了"儒雅春耕乐，儒雅耕种季""学雷锋，重践行——七彩雷锋日接力活动""帮扶孤寡老人"等主题活动，让学生走出校园，在社会实践活动中增长知识，了解民风、民俗，学习一些基本的劳动技能，感受人与人之间的温情，播撒爱心。通过这些活动，学生的综合素质得以提升。

三、有利于促进课堂教学模式的创新

以"和、活、实、新"为主要特色的儒雅课堂教学，其教学理念、教学内容、教学策略和教学环节较传统课堂有比较大的变化，其中，课堂教学模式的变化最为显著：从教师单向传授、学生被动接受转变为教师组织引导、学生主动探索学习；从强调机械记忆转变为注重灵活理解；从注重知识的获得转变为注重知识的迁移运用和能力的提高；师生之间的关系变得更加和谐平等了，教师不再是课堂上的权威，而成为学生学习的合作者和指导者。另外，课堂教学的流程也发生了比较大的变化，由"先教后学""以教定学"转变为"先学后教""以学定教"。课前学生根据教师布置的任务自主学习，教师充分分析学情后调整教学设计，做到"以学定教"；课中教师根据学生的具体表现顺学而导；课后教师再根据学情进行个性化教育，真正实现了因材施教和个别化教学。

四、有利于充分尊重学生的主体地位

新课程改革强调，教师在教学过程中要尊重学生的主体地位。在儒雅课堂上，师生角色得以顺利转换，即由原来的以教师为中心转变为以学生为中心，学生成为真正意义上的学习的主人。教师通过创设情境等多种教学手段，激发学生的兴趣、好奇心和求知欲，提高他们学习的主动性、积极性和创造性。学生在儒雅课堂上学会主动发现问题、解决问题，教师则在关键之处或疑难之处加以点拨和辅助；学生在儒雅课堂上可以自由表达个性化的意见，他们的独特体验也会被尊重；学生在学习过程中得以充分展示自己独特的个性魅力和特长，各方面的潜能也会被挖掘和激发出来。尊重学生的主体地位和培养儒雅学子的最终目标，成为一个互渗互动的过程。尊重学生的主体地位，符合新课程改革的要求，促进了学生的全面发展，是我校在教育实践中有机落实立德树人教育根本任务的核心体现。

第四节

儒雅课堂的成效与启示

对于国家和民族来说，文化是支撑其繁荣的脊梁。如今，多元文化正不断冲击着人们对中华民族优秀传统文化的记忆和情感，在这样的时代背景下，越来越多的人把优秀传统文化纳入教育视野中。应运而生的儒雅课堂，正在以一种独特的课堂教学形态，让整个校园充满底蕴浓厚的优秀传统文化气息。经过8年的探索，我们对儒雅课堂的研究可谓收获颇丰，这对改革我校的传统教学模式，创建特色文化品牌有着不可忽视的作用。

一、儒雅课堂的成效

1. 儒雅校园文化建设，深受大众认可

校园文化是学校教育理念的重要体现。我校立足文化育人的教育理念，主要从校园环境文化、班级文化、家校文化几个方面进行儒雅校园文化建设。在校园环境文化建设方面，建立了孝道壁、八匙广场、三立圆、翰墨苑、六艺廊、圣贤墙等一系列传播优秀传统文化的"硬件"，充分发挥校园环境的潜在教化功能；在班级文化建设方面，每个班级门口都设置"班级名片"，教室内外花香"物"语，走廊阳台诗情画意，营造了集人文性、科学性、趣味性于一体的班级环境；在家校文化建设方面，建立了"家校在线"校讯通平台，设立了"校长寄语"栏目，成功地架起了家校同步育人的桥梁。

这些具有特色的校园文化给每一位走进学校的学生、家长、教师都留下了大气、雅致的印象。事实证明，我校对优秀传统文化的传播不仅仅表现在"摆设"上,还深入学生的日常学习活动中,并获得了大众的普遍认可。《湛江日报》、湛江新闻网、图读湛江等新闻媒体曾多次对我校的课堂教学及活动进行报道与宣传,如《湛江市第八小学举行"儒雅课堂"教学展示活动》《湛江市第八小学举行2017"墨香意浓尽儒雅"书法交流营活动》《市第八小学举行第七届"儒雅堂"学生辩论赛——展学子儒雅风采》等。

2. 儒雅课堂教学研究,取得丰硕成果

经过8年的不断探索,我校在儒雅课堂教学研究方面取得了良好成绩,表现之一是著作、论文、课题硕果累累——发表论文10多篇,已完成各级课题10余项,已立项未结题的课题10余项,获省级奖项5项,获市级奖项20余项。

其中,省级课题有"小学生中华传统教育研究""以同伴相助促进专业发展的研究""构建同步育人的家校新模式研究与实践""'儒雅教育':转型期提升学生品德素养的关键""儒雅校园建设研究""诵读经典诗文,陶冶高尚情操的策略研究""国学经典教育与小学语文课程整合,促进学校特色品牌建设的实践研究"等。已出版的著作有《教育需要播种温暖——谢文东与儒雅教育》《实践教学的途径与应用》《学校教育提升的引领力》,对推进我校文明儒雅校园的创建工作起了重要的理论引领作用。

3. 儒雅课堂教学理念,带动学习热情

儒雅教育主张"点面结合,以点带面"的教学理念。校内设立"十大儒雅学子""十大儒雅创新之星"等奖项,关注学生的全面发展;鼓励学生积极参加校外各项比赛, 在"全解杯"全国中小学生作文大赛、华罗庚金杯少年数学邀请赛以及其他各种级别的科技比赛中,我校学生都获得了优异的成绩。2016年，我校代表队的两名学生在第十一届中国少年科学院"小院士"课题研究成果全国展示交流活动中，取得了课题研究成果一等奖，他们是我市首批中国少年科学院"小院士"。这些出色成绩的取得带动了全校师生学习的热情，无论是课内还是课外，无论是语、数、外还是其他学科，都有一批刻苦钻研、努力学习的师生。

4. 儒雅校本课程，打造学校品牌

开发校本课程是打造校园品牌特色的重要途径。我校把国家、地方、学校三级课程有机结合起来，自行研发并编印了系列校本教材《悠悠古埠赤坎情》《国之学》《外之语》《数之乐》《儒雅乐系列扑克牌》《礼仪之行》《家庭教育小故事》《儒雅爱·孝之行》《32个好习惯》，既着重强调了我校的儒雅特色，又为学生进行儒雅文化的学习提供了方向性指导。与此同时，我们在开发校本课程的过程中，又衍生出了学校的特色课程，如特色班会课、趣味科技课堂、书法课、国画课等，都是我校校本课程体系的重要组成部分。

5. 儒雅课堂教学模式，促进教与学

课堂上，教师以儒雅的内在修养浸润着学生，学生在充满诗意的课堂上受到熏陶、得到启发。总体来说，儒雅课堂的教学模式受到了师生的喜爱，提高了教师的教学技能和学生的学习能力，取得了不错的成绩。

学生方面：在区毕业调研考试中，我校学生语、数、外三科成绩的名次均名列前茅。四年级学生参加区调研考试，获得总分第一名的好成绩。2018年在湛江一中培才学校组织的奖励考试中，我校有23名学生考入前100名，其中有13名学生考入前50名。

教师方面：教师参加各级教学竞赛均取得了好成绩。例如，语文教研组的梁桂云老师获广东省首届小学语文阅读教学竞赛一等奖；数学教研组的杨婕老师获广东省第七届小学数学说课比赛一等奖；黄秀娴副校长获赤坎区中小学校长高效课堂教学竞赛一等奖；美术组的何兴增老师获湛江市小学美术教师课堂教学竞赛一等奖；音乐组的梁小英老师获湛江市小学音乐教师课堂教学竞赛一等奖；卓启宏老师获广东省第七届中小学体育教学比赛一等奖。

6.儒雅课堂教学体系，加深同行交流学习

经过8年3个阶段的课堂实践，我校最终把儒雅课堂教学体系定位为课堂具体化、思维导图化、课堂研究化、教学绿色化四个方面，形成了角色扮演式实践教学、情感体验式实践教学、合作式实践教学、任务驱动式实践教学等新型教学模式。新颖的教学模式，活泼、和谐、包容、扎实的教学风格，不仅深受本校师生的欢迎，更是引起了众多兄弟学校的关注。湛江市第三小学、湛江市第二十四小学、湛江市第三十一小学等兄弟学校纷纷派教师到我校进行交流学习。为了便于同行交流学习，我校多次承办市、区公开课比赛，并在校内举行儒雅课堂展示课等。

二、儒雅课堂的启示

经过我们长时间的探索、完善与实践，儒雅课堂取得了不错的教学成效，我们也积累了宝贵的经验。在之后的儒雅课堂教学中，这些在实践中经过不断验证和总结的经验将被广泛地应用到课堂教学中，进一步提炼与深化，为完善儒雅课堂教学服务。儒雅课堂有效避免了传统课堂教学中存在的问题，我们将根据学校实际情况、教师特色和学生特点，探索出适应社会发展需要和满足学生发展需求的创新型教学模式与科学的教学方法，以供其他学校参考借鉴。

1. 悉心培养内外兼修的儒雅教师

韩愈把教师定义为"师者,所以传道受业解惑也",认为教师是传授知识,为学生答疑解惑的人。著名教育家陶行知更是给广大教师提出了明确的要求——"学高为师,身正为范",他认为学识高的人才能当教师,品行端正的人才能成为人中典范。教师既是学生学习中的引导者,又是生活中的榜样,对学生的身心发展有着巨大影响。儒雅课堂中的教师,需要具备最基本的儒雅素养,即课堂内外都能够做到温文尔雅。我们认为,只有先培养出外表优雅、内涵博雅、谈吐文雅、举止典雅、气质高雅的教师,才能培养出儒雅的学子。

(1)提升教师的专业素养,打造优秀教师队伍。

时代在发展,教师需要与时俱进。一方面,教师要更新教学观念,丰富学识,提高教育教学能力;另一方面,教师要掌握现代信息技术,并学会将其灵活运用到自己的课堂教学中,以适应不断发展的时代对教育者提出的要求。我们知道,在教育教学中,个人的力量是有限的,团队的力量是强大的。这就要求学校组建起一个具有凝聚力、创造力和生命力的儒雅教师团队,以此来壮大学校的教育力量。学校应该为教师提供相应的学习机会,为教师创造能够提升自身专业素养的有利条件,营造浓厚的终身学习氛围。例如,我校会为教师提供新课程培训、信息技术培训、书法培训等。除此之外,学校还以赏识、尊重、放权的团队管理方法,打造优秀的教师团队,展现团队的价值。

(2)搭建多种交流平台,提高教师素养。

《学记》中有这样一句千古名言:"独学而无友,则孤陋而寡闻。"个人的学识是有限的,我校通过搭建多种交流平台,定期开展多项交流活动,极大地激发、碰撞出教师思维的火花,从而对教师素养的提高起到了不可比拟的作用。例如,通过开展"向集体借智慧"的教研活动,给教师创造交流学习平台，使教师在交流中相互学习、相互促进；制订儒雅教师评价表，每学年进行一次儒雅教师评选活动，对表现良好的教师给予一定的奖励，使读书学习、修身立德成为教师生活的一部分；引导教师根据自身情况制订教学目标与教学计划，并且落到实处，让课堂成为促进教师成长的舞台；等等。

（3）引领教师熟读儒家经典，掌握古代优秀的教育思想与方法。

儒家经典文化是中国优秀传统文化的一部分，具有丰富的文化内涵和教育哲理。读书可以明智，使人变得聪慧，我校通过开展一系列学习儒家经典的特色活动，为教师领悟古代的优秀教育思想和方法创造了有利条件。如坚持每月开展一次学习优秀传统文化读书沙龙活动；成立了"儒雅轩"教师朗诵社团，坚持每月开展一次教师朗诵活动，并组织教师多次参加校内外的朗诵交流与表演活动；坚持每周开展一次古风书法培训活动，让教师在活动中养成儒雅品质，感悟儒雅之美；通过开展"儒雅教师风采展"活动，展现儒雅课堂风采，不断提升课堂儒雅气息；等等。这一系列特色活动的开展，既有利于教师提高自身的文化内涵和阅读素养，又有利于教师将古代优秀的教育思想渗透于课堂教学中，丰富课堂的文化内涵，深化儒雅课堂。

（4）坚持以生为本，培养全面发展的人才。

我国当前的教育方针是培养德、智、体等全面发展的社会主义事业的建设者和接班人。学生是学习的主体，教师是学生学习的组织者、引导者、促进者。教师是为学生的学习和发展服务的。我校的儒雅课堂通过课程文化建设渗透以上的教育理念。我校以"和、活、实、新"的儒雅教学文化突出促进学生成长的"四大工程"：通过书法教育，提升学生的文化素养，奠定学生的艺术基础；通过科技教育，培养学生的创新意识，奠定学生的思维基础；通过体育锻炼，激发学生崇尚运动的意识，奠定学生的体质基础；通过英语教育，培养学生使用英语交流的习惯，奠定学生面向世界的基础。这一系列课程活动的开展，让学生成为学习的主人，促进了学生的全面发展，顺应了社会发展的需要。

2. 精心培养文化底蕴深厚的儒雅学子

中国儒家经典文化博大精深，具有丰富的思想内涵和广博的文化精神，不仅教师要学习儒家经典文化，学生也要学习儒家经典文化。通过这种传统文化的熏陶，深化学生的文化底蕴，促进中国优秀传统文化的传承。儒雅课堂将儒家经典文化作为学生学习内容的一部分，使学生在潜移默化之中感悟到儒家经典文化的魅力，激发学生对儒家经典文化的喜爱。这就要求教师丰富自身学识和文化内涵，并在日常的教学活动中将传统文化融入课堂教学中，丰富教学内容，运用多样的教学形式带领学生共同阅读经典、学习经典、品味经典、运用经典，提高学生的文化内涵，拓展学生的知识面，致力于培养外表优雅、内涵博雅、谈吐文雅、举止典雅、气质高雅的儒雅学子。

3. 齐心打造新式课堂

传统课堂教学存在诸多问题，如课堂教学形式单一，教师偏重知识的传授，学生死记硬背，巩固知识以"题海战术"为主等。传统课堂教学已无法满足社会发展对人才的需求，这意味着我们必须打造出新式的、能够满足社会发展需要和学生发展需求的课堂教学模式。基于此，我校进行了打造儒雅课堂的探索。儒雅课堂将课前、课中、课后一体化，注重三个环节的衔接，根据学生的年龄特点、认知规律及可发展的空间，基于先进的教育理念，制订出合理的教学目标、丰富的教学内容，以创新的教学过程、灵活的教学评价和全面的教学反思来提高课堂教学效率。同时，儒雅课堂还注重学生的学习过程，注重培养学生自主提出问题、探究问题和解决问题的能力，注重发挥学生的主体性，让学生在相互交流和探讨中检验自己的想法，培养创新思维和批判性思维。我们旨在通过充满活力的课堂培养出充满活力的学生。

4. 用心营造儒雅校园文化

校园文化是校园精神的展现，是学校文化品位的体现，更是学校综合实力的反映。校园文化建设得好，校园的精神面貌会随之焕然一新，文化品位也会随之得到提升，学校的综合实力更会得到加强。因此，我校在建设过程中，力求打造具有特色的儒雅校园文化。我校坚持对校园文化进行合理的设想与规划，在科学理论的指导下，一步一个脚印踏踏实实地去落实。儒雅校园文化具体体现在儒雅校园物质文化、儒雅校园活动文化、儒雅校园精神文化上，三者相互促进、相互渗透。

（1）打造儒雅校园物质文化。

儒雅校园物质文化是儒雅校园文化的重要组成部分，是传播儒雅校园文化思想的重要途径，在教人、育人方面有着重大作用。儒雅校园物质文化最直接地体现在校园的环境建设上——每一面墙都会说话，每一处景色都会育人，每一个角落都弥漫着儒雅气息。立足"儒"，突出"雅"，让校园环境彰显出浓厚的文化底蕴，发挥校园文化潜在的教化功能，营造良好的教书育人的文化氛围。

（2）建设儒雅校园活动文化。

儒雅校园活动文化融知识性与趣味性于一体，以激发学生的学习热情和张扬学生的个性为主要目的，是儒雅课堂的延伸与拓展。建设儒雅校园活动文化是促进学生全面协调发展和多元化发展的重要途径。为了使之更好地衔接儒雅课堂，结合学校师生的实际情况和特点，我校主要构建了三大活动：一是常规固定活动；二是节日新意活动；三是校本特色活动。活动的设计体现了以生为本、以活动育人的教育理念。通过开展多种多样的活动，促进师生之间的交流，传承中国传统习俗，弘扬优秀传统文化，促进学生文化素养的形成与提高，引导学生形成正确的价值观、道德观。

（3）塑造儒雅校园精神文化。

精神文化是校园文化的核心，是衡量学校德育成败的重要标准。对学生而言，校园精神文化有着一种潜在的、无形的教育力量。为创建文明儒雅校园，彰显儒韵雅风，我校确定了"承启办学、厚德育人、精益求精"的办学理念、"爱我八小、为校争光"的校训；在学校风气的建设上，我校将优秀教学思想与学校实际情况相结合，制订了"养正品儒、至善行雅"的校风、"以教为乐、教学相长"的教风、"以学为乐、学以致用"的学风，以及"勤、和、思、端"的人文精神，从而构建了独具校本特色的儒雅校园精神文化体系。

儒雅校园精神文化的建设，突出了儒韵雅风的项目品牌，在培养学生良好学习风貌和学习习惯的过程中，具有渗透性、持久性和暗示性的作用；同时也规范了师生的行为，坚定了师生的理想信念，促进了师生儒雅品质的形成。

5. 潜心编写儒雅校本教材

校本教材是校园文化建设到一定阶段的产物，是校园文化建设的载体。校本课程的开发与实施是一个不断实践、不断检验，再实践再检验的循环过程，其目的是帮助教师教学，帮助学生实现从"要我学"到"我要学"的转变。

我校依托自身资源、本地特色和优秀传统文化，精心组织编写了儒雅校本教材。我们先深入挖掘本土文化，确立"和、活、实、新"的儒雅教学文化，进而打造儒雅课程文化。我们将国家、地方、学校三级课程有机结合起来，先后编印了《悠悠古埠赤坎情》《国之学》《礼仪之行》《数之乐》《外之语》等一系列儒雅校本教材，充实了儒雅课堂。为了使教材更加合理、科学，我校组织教师进行了多方面的教学尝试，向深处挖，向宽处行，争取使教材以最自然、最容易接受的方式浸润学生的心田。

儒雅校本教材的不断完善、投入与使用，促进了"和、活、实、新"儒雅教学文化的传播。教师充分利用课内外时间研读校本教材，积累了丰富的学识，同时在教学时将校本教材蕴含的优秀教学思想渗透其中，提高了教学的有效性。学生通过阅读校本教材，脱浮躁之气，修雅正之气，逐渐成长为腹有诗书气自华的儒雅学子。

6. 全心深化儒雅课堂研究成果

儒雅课堂的一系列成果是宝贵的。在儒雅课堂实施过程中，教师要形成系统而有条理的收集资料的习惯，并深入剖析第一手资料，对其进行加工、归纳与整理，总结出儒雅课堂的实施经验。儒雅课堂的研究成果主要包括交流平台、名师工作室、校园文化建设、著作、论文等。

我们对课堂教学中不断产生的新问题及时进行分析、反思、调整、改进，从而推动了儒雅课堂的改革与完善，最后将儒雅课堂研究的过程进行总结，形成了一批批研究成果。这些研究成果有利于教师在教研与教学过程中整合学校特有的资源，提高其自身的专业素养与教学能力，从而提高学校的整体教学水平。

7. 完善儒雅课堂

"请进来"与"走出去"是儒雅课堂的对外交流形式，它们既是我校完善儒雅课堂的手段，又是我校保持与最新教学理念接轨的方法。

"请进来"即请专家、名师为我校教师和学生传道授业。学校多次邀请名师为教师上示范课，为学生做讲座，如请甘肃省张掖市甘州区首批"蒲公英"导师到学校访学；请湛江市第四中学张骏，作家管家琪、肖云峰等到学校做讲座；等等。通过面对面的交流，为师生提供学习的机会。对教师而言，这是一个难得的交流、借鉴的机会，教师可以通过与名师接触,向名师借智慧;对学生而言,这种方式能够使其开阔眼界,体验不一样的教学风格。

"走出去"即派教师到全国各地参加培训,学习借鉴其他学校的治学理念、校园文化建设特色、课堂教学理念、课堂教学方法等。这些教师培训归来,以汇报课的形式向全体教师汇报,分享培训收获。

为了让儒雅课堂获得更好的传承,让青年教师更好地融入集体、更快地了解儒雅课堂的教学理念与教学方法,我校还开展了"以老带新"活动,旨在加强教师之间的联系与交流,让宝贵的教学经验得以推广。

儒雅课堂从理论阶段到实践阶段再到成熟阶段,每一个阶段都是对前一个阶段的完善与发展。无论是儒雅课堂的教学模式,还是儒雅课堂的教学理念与教学方法,都是一个不断被注入新鲜血液、不断被更新完善的过程。

第二章

语文儒雅课堂教学模式及经典案例

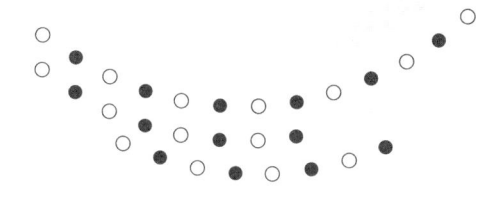

第一节

语文儒雅课堂教学模式

根据语文学科的特点,我们可以将小学语文课分为新授课、复习课、讲评课、测试课以及习作课五大基本课型。其中,新授课又可根据文章体裁的不同划分为多种类型。在这里,我们以现代文阅读为例分析语文儒雅课堂的教学模式。

一、语文儒雅课堂教学模式概述

1. 基本理念

语文儒雅课堂坚持以我校儒雅教育理念为指导,综合运用校园文化资源、多媒体技术以及海量的阅读篇目创设学习情境,旨在引起学生共鸣,激起学生的自主求知欲望,挖掘和培养学生的合作探究能力,使学生能够真正"以学为乐,学以致用"。教师的课堂教学要以生为本,注重引领学生在合作交流中学习知识,打造教学相长、充满儒雅气息的语文课堂。

2. 基本原则

(1)以生为本原则。

课前,教师需要根据学生预习任务的完成情况,制订个性化的教学计划;课中,教师需要注重引导学生在自主探究、合作交流的过程中,学会感知文本、理解知识。在整个教学过程中,教师要始终牢记自己是学生学习的引导者和辅助者,学生才是学习的主体,教师应使学生学会根据自己的需要，在循序渐进中生成新知。

（2）文化育人原则。

《义务教育语文课程标准（2011年版）》（以下简称"语文新课标"）明确要求："语文课程还应通过优秀文化的熏陶感染，促进学生和谐发展，使他们提高思想道德修养和审美情趣，逐步形成良好的个性和健全的人格。"这就意味着语文教师不仅要教给学生知识，更要肩负起培养学生良好道德品质的重任。语文儒雅课堂，致力于将教材与优秀传统文化相融合，坚持走文化育人之路，通过"经典伴成长"的方法，培养儒雅君子。

（3）小组合作原则。

小组合作学习是以异质小组为基本形式，学生们为了同一个明确的学习目标互相帮助、共同努力，以集体的成绩作为奖惩标准的教学活动。教师根据组间同质、组内异质的原则划分学习小组并实施教学，学生在多人商讨、争论的方式下学习，既可深化对文本的解读，又可学会分工协作。

二、语文儒雅课堂教学基本环节

语文儒雅课堂教学模式主要由自主感知、互动排疑、细化探究、拓展运用四个横向维度和教师课上课下的教学指导、学生的学习活动两个纵向维度交互构成（如图2-1）。

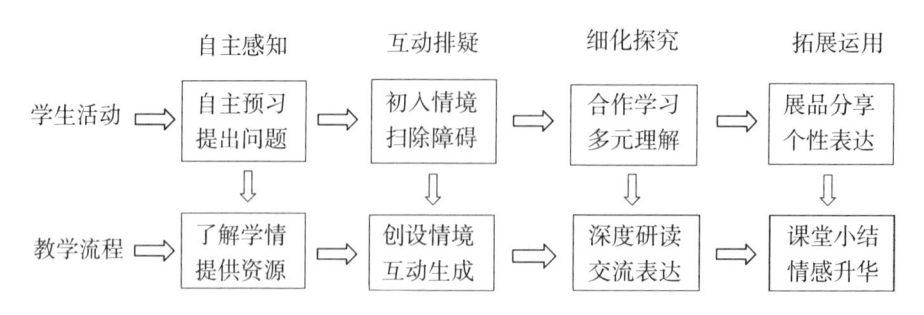

	自主感知	互动排疑	细化探究	拓展运用
学生活动	自主预习 提出问题	初入情境 扫除障碍	合作学习 多元理解	展品分享 个性表达
教学流程	了解学情 提供资源	创设情境 互动生成	深度研读 交流表达	课堂小结 情感升华

图2-1 语文儒雅课堂教学模式

1. 自主感知

先学后教，以学定教。教师根据语文新课标的要求，通过分析文本在单元中的地位、作用，以及学生已有的学习认知能力来布置预习任务，并为学生提供学习资源。学生在自主预习过程中，提出需要独立思考或小组合作完成的任务。

在这个环节中，教师的任务主要是认真研究学情，基于学情制订驱动型任务并提供恰当的补充资源供学生参考。学生的任务主要是自主预习课文，并记录自己在这一环节中未能解决的问题。

2. 互动排疑

教师借助多媒体创设教学情境，为学生提供身临其境的现场感。在这个环节中，教师要尽可能迅速地让学生融入情境，进入学习状态。教师进一步了解学情，适时、灵活地调整教学方案。在教师的引导下，学生解决课前预习中存在的基本问题，扫除阅读障碍。

在互动排疑环节，学生可以通过多种形式展示自己小组的预习成果。针对某一问题，师生、生生之间群策群力，通过思维碰撞，生成新的课程资源。

3. 细化探究

这一环节是上一环节的"升级版"，是为上一环节中没有解决的问题而设置的。此外，它还是教学设计中的重点环节。小学生的身心发展程度与语文合作探究要求的深度在某种程度上决定了仅仅依靠学生个人的能力很难解决学习中的所有问题。

教师抛出关键问题，组织学生进行充分讨论以达到深度探究的目的。在这一环节，教师应坚持"以生为本"的原则，将更多的时间留给学生，既可以让学生进行个人品读结果的交流，也允许学生采用多种多样的方式表达感受。例如，学生可以直接通过论述、朗读发表感想，也可借助肢体动作，以角色扮演、情景剧表演的方式抒发感情。教师应根据课文类型的不同，有针对性地采用多种课堂组织形式，让学生体会教材所要传达的思想情感。

4. 拓展运用

在前面三个环节顺利完成的基础上，教师引导学生进行广泛的拓展运用和积累。拓展运用既可以检测学生对知识的掌握情况，也可以加深学生对教材的理解，从而升华学生的情感。学生拓展运用的个性表达方式很多，不仅可以通过小练笔等书面作业呈现，还可以通过个性化的作品呈现。比如，学生可以根据自己的理解录制表演视频、朗诵音频，或者通过绘制思维导图、创作绘画作品来分享心得，等等。此外，教师的评价也应注意多元与及时。如此，既有利于激发学生的学习热情，也有利于教师因材施教。

三、语文儒雅课堂教学注意事项

1. 直观情境的展现应该适度

目前，在语文教学中常常出现一个问题，即有些经典文学作品中涉及的人物、年代离学生较远，学生对其中的人物形象及当时的社会环境、背景不能很好地产生共情心理。而创设直观情境可以在一定程度上解决这一问题。教师可以借助直观手段，如展示实物、图片、模型等，帮助学生生成直接经验，或者调动他们的已有经验，着重解释文中某一情节或字词，帮助学生克服阅读障碍。创设直观情境的手段更多地表现为多媒体的使用，例如，相关音频、视频的播放等。在使用多媒体帮助教学的过程中，教师对于直观情境的展现，应以提高学生的认知水平为目的，不可过多使用，以免喧宾夺主，造成学生忽视课堂教学内容，过分关注授课花样、形式的后果。

2. 以量多质优的课外阅读促进语文学习

语文课堂中的阅读学习内容，绝不仅限于教材中的文章。以一篇带动多篇，以多篇带动整本书，以整本书带动一个作家的所有作品，这是语文儒雅课堂教学在拓展学生阅读视野方面的最终目的。甚至可以说，语文儒雅课堂非常注重课外阅读在语文学习中发挥的巨大作用。教师推荐的阅读材料不仅要能在课前为学生预习提供辅助，还能在课后进一步延伸学生的情感认知。在课堂教学中，教师应注意在空间和时间上为学生的课外阅读提供有力的支持：适当减少书面作业，增加阅读作业；早读时间，允许学生翻阅自己感兴趣的书籍；等等。不过，仅有时间、空间的保障是不够的，教师应进一步在班级中营造良好的阅读氛围，开展与阅读相关的系列活动，引导学生大量地读、广泛地读，读出自己的想法。

第二节

语文儒雅课堂的问题教学

——以《慈母情深》为例

一、教学设计

1. 设计思想

近年来，我校致力于语文儒雅课堂的教学研究。我们构建的语文儒雅课堂，就是利用语文教学方法，为学生构建一个连接教材与海量阅读资源的桥梁。儒雅文化首先倡导"孝"文化，我选择《慈母情深》一文，旨在利用语文儒雅课堂倡导的问题教学方法，即结合基于问题的探究式学习模式与儒雅课堂的教学手段，恰当分配小组任务，通过适时地播放视频、展示图片，使学生深切感受到本篇课文所表达的母亲对子女无私的爱，激发学生对母亲的感激、热爱之情。

2. 教学目标

（1）通过自学生字词，能够认识"陷、碌、攥"，理解"失魂落魄、震耳欲聋、龟裂"的意思。

（2）通过小组合作，学习描写母亲外貌、动作、语言等重点语句，掌握赏析、刻画人物的方法，并将此运用于习作中。

（3）体会母爱的无私、崇高以及作者对母亲的感激、热爱与崇敬之情。

3. 学情分析

本课的学习者是有一定阅读能力和自学能力的五年级学生，他们在上一节课中学习了结合人物描写，把握人物形象、体会文章情感的方法，并且对叙事文中的细节描写也有一定的认识，这有利于本节课组织学生对细节描写进行深入学习。但是，班中学生大多是独生子女，被宠着长大，对父母工作的辛劳没有深刻体会，且在生活中容易忽略对细节的关注，无法体会父母对子女无私的爱。情感认知上的缺失反映在写作上，多表现为学生叙写亲情时显得苍白单一，缺少真情实感和细节描写。因此，在教学过程中要侧重通过品读关键词、把握细节描写引导学生理解、体会慈母的深情，并通过小练笔让学生尝试将内心的体会、感受诉诸笔端。

此外，课文描写的是发生在20世纪60年代初的事情。当时是国家困难时期，与物质条件优越的当下大相径庭。学生对故事发生的社会背景较为陌生，教师在教学时介绍时代背景有助于学生深入理解人物感情。

4. 教材分析

《慈母情深》是人教版小学语文五年级上册第六单元的一篇略读课文，该单元的教学目标是引导学生通过阅读和学习体会"作者是怎样通过外貌、语言和动作的描写表现父母之爱的"。因此，本节课通过设置小组任务组织学生对人物细节描写进行赏析和交流，进而实现让学生自主探究学习的目的。

另外，为促进学生对故事背景的了解，提高学生与文本产生情感共鸣的可能性，教师在教学时选择以篇带篇的方式，提供本文作者梁晓声的《母亲》中关于生活背景的描写和冰心的《纸船——寄母亲》作为阅读资源。

5. 教学模式与策略

教学模式：主要采用基于问题的探究式学习模式，先学后教，以学定教。

本节课采用基于问题的探究式学习模式，教师基于本课的教学重难点设计问题并将问题分配给各个学习小组；学生课前完成教师布置的相关练习，初步学习课文。在教学过程中，学生进行小组交流合作，并选出一位代表进行小组汇报。教师引导、鼓励学生形成自己的观点，指导学生更好地进行思考和组织语言，并做好记录。通过这一系列教学活动，培养学生的语言综合运用能力，加深学生对人物细节描写的理解。

具体策略如下：

课前——教师确定并分配小组任务，发放导学案，学生自读课文，自学本课的生字词。教师提供课外阅读链接——梁晓声的《母亲》片段和冰心的《纸船——寄母亲》，学生通过阅读初步了解作者的生活背景，促进对文本的学习和情感体验。教师收集学生提交的母子照片，制作"母爱"主题视频。

课中——教师检查学生的生字词学习情况，学生交换批改。教师播放视频导入新课，并抛出"为什么作者拿到能买一本渴望已久的《青年近卫军》的钱后却鼻子一酸"这一关键问题，引导学生对课文进行多元解读，品味细节。在这一过程中，学生的汇报、质疑、补充相机进行，学生的个性化朗读与教师的指导朗读相互配合。最后，教师播放"母爱"主题视频，组织学生进行课堂小练笔。

课后——布置作业。

6. 教学过程设计

表2-1 《慈母情深》教学过程设计

教学环节		教师活动	学生活动	组织形式
课前		1. 布置自学生字词作业：会认读且理解词义 2. 提供阅读材料：冰心的《纸船——寄母亲》、梁晓声的《母亲》片段 3. 收集学生提交的母子生活照片，制作"母爱"主题视频 4. 组织学生分组，坚持组内异质、组间同质的分组原则 5. 确定并分配小组任务，发放导学案：（1）概括主要内容；（2）找出并赏析描写母亲工作环境的句子；（3）找出并赏析描写母亲外貌、动作、语言的句子；（4）找出并赏析文中的特殊句型；（5）从内容与形式上分析倒数第2自然段	1.自主学习，合作探究，完成学习任务 2.发送母子生活照	1.学生在父母的帮助下通过微信视频通话功能，进行小组讨论 2. 组长分工，确定记录与汇报人员
课中（多元的及时评价）	环节1：作业检查，夯实基础	1. 展示课前作业的答案 2. 巡视课堂，着重讲解错误率高的题目	学生互相批改，互相讨论	教师出示字词答案，学生进行字词学习
	环节2：视频导入，整体感知	1. 视频导入 2. 创设情境，抛出关键问题：为什么作者拿到能买一本渴望已久的《青年近卫军》的钱后却鼻子一酸呢	小组讨论，各抒己见	教师抛出问题，学生组内、组间交流
	环节3：多元解读，感悟情深	1. 根据学生发言情况针对重难点适时引导、点拨 2. 在黑板上记录学生发言情况	1. 小组派代表汇报讨论结果 2. 对他组汇报内容进行质疑、补充、评价	教师组织、统筹课堂，学生汇报、倾听、质疑、补充，师生之间思维碰撞
	环节4：情感延伸，总结全文	1. 播放课前制作的"母爱"主题视频 2. 组织"温情笔触"：妈妈，我想对您说……	1. 观看视频 2. 完成小练笔并与其他同学分享	大屏幕展示

7. 课后练习设计

（1）以思维导图的形式，总结在本节课中学习的人物形象赏析方法。

（2）运用多种描写人物形象的方法，写一写你与母亲之间的故事。

"授人以鱼，不如授人以渔。"这样的设计旨在教学的基础上，引导学生对已学的方法、知识进行系统的思考与总结概括，有利于学生掌握人物描写方法，从而更清晰、自觉地将这些方法运用到课外阅读与写作中，进一步提高阅读效率与写作质量。

两项作业均为必做作业，教师批改后会将优秀作业上传至班级微信群，供他人借鉴学习。对于以思维导图的形式总结赏析人物形象的方法，要求学生自由表达、个性创作，形式不限；习作任务要求学生书写规范，在语文学习中培养好习惯。

8. 评价设计

课前检测：展示课前作业的答案，学生互相批改，教师巡视课堂，对错误率高的题目着重讲解；抽查学生的小组任务完成情况，督促学生阅读课外链接的内容。

课中研讨：深入文本，师生对话。在汇报与朗读中，师生共同研读文本在字、词、句、篇章上的独到之处，掌握描写人物的方法，体会人物感情。教师记录学生的发言情况，体现过程性评价。

课后练习：课后作业是对课堂教学的总结与延伸，既体现了语文学科学一篇悟多篇的工具性特点，又有效巩固了德育中的人文性特点，最终顺利完成总结性评价。

二、教学实际过程描述

《慈母情深》这节课的教学过程，主要包括四个环节。

环节一：检查作业，夯实基础。教师检查学生的作业完成情况，了解学情，为接下来进行有针对性的教学打下基础。

环节二：视频导入，整体感知。教师以梁晓声回忆幼时家庭状况的视频导入新课，引领学生走入情境，同时以关键问题"为什么作者拿到能买一本渴望已久的《青年近卫军》的钱后却鼻子一酸"作为剖析文本的切入点，带动本课教学。在这一环节中不可忽视题目的作用。

环节三：多元解读，感悟情深。在这一环节中，要求学生根据教师提出的问题进行小组讨论，并选代表进行总结发言。教师根据学生的回答情况总结提炼，同时引导学生关注关键字，如"塞、攥"；关注特殊句式，如"背直起来了，我的母亲。转过身来了，我的母亲。褐色的口罩上方，一对眼神疲惫的眼睛吃惊地望着我，我的母亲……"；关注起侧面烘托作用的环境描写，如"七八十台缝纫机发出的噪声震耳欲聋"等，明晰其中运用的多种人物描写方法。每组回答完毕后，其他组可进行补充或质疑。另外，在关键字词句被提出后，学生的个性朗读与教师的指导朗读相机进行。

环节四：情感延伸，总结全文。教师播放课前制作的"母爱"主题视频，引导学生说一说看完视频后的感受，并组织"温情笔触"：妈妈，我想对您说……

三、学生学习成果

学生的学习成果主要通过思维导图与习作呈现。通过作业反馈发现，绝大部分学生完成得很好：思维导图各具特色，内容充实完整。习作字数达标，在运用多种人物描写方法的同时，有部分学生还仿照了课文中将"我的母亲"这一主语放于句末的写法；此外，还有部分学生注意到了环境描写对人物形象的烘托作用，并极好地运用在了习作中。

四、教学反思

《慈母情深》是一篇略读课文，以对话为主，内涵丰富，感人至深。对学生来说，这是一节极具意义的体会母亲爱子情深的课，更是一节能够激发学生对母亲产生理解与热爱之情的课。

我一直秉承以学生为课堂主体的教育观念，因此，无论是课前的小组划分、任务分配、阅读资源推送，还是课中的文本研讨，我都尽可能根据学生的认知情况组织教学，将绝大部分时间交由学生讨论与发言。本节课教学形式多样，结构完整。课前，学生通过自主预习与小组合作完成导学案，初步感知课文；课中，紧紧围绕慈母情深的"深"字与问题"为什么作者拿到能买一本渴望已久的《青年近卫军》的钱后却鼻子一酸"，引导学生多角度且深入地解读课文。在对学生关于重点语句的理解与层层递进的朗读指导中，一步一步地引导学生，让学生读出文章的"情深"，读出文章的韵味。师生交流、生生交流的形式使得课堂气氛活跃，学生畅所欲言。课堂尾声的"母爱"主题视频展示与"温情笔触"环节是很好的结束方式。一张张熟悉的照片，让学生回忆起母亲的爱，有助于学生将文中母亲对作者的爱映射在自己身上加以深思。

综上所述，本课的所有教学目标顺利完成。

（湛江市第八小学　吴艳艳）

第三节

语文儒雅课堂的情境教学

——以《找春天》为例

一、教学设计

1. 设计思想

本案例设计之初，我便在思考如何将日常生活与语文学习相结合，既能充分展示我校语文儒雅课堂的教学特点，又能不失常规语文教学的本色。因此，我决定采用基于情境的体验式学习模式，在学生日常生活的基础上，辅以视频、音频、图片创设课堂情境，让学生领会作者的情与趣，体会发现春天的欣喜，感受春天的美好。

2. 教学目标

（1）正确认读"脱、袄、寻、羞、姑"等14个生字；会写"冲、寻、姑、娘、吐、柳、荡、桃、杏"9个生字。

（2）正确、流利、有感情地朗读课文，读出早春的生机与活力，读出早春带来的希望。

（3）通过多种朗读方式，学习第4~7自然段的表达方式。

（4）培养细心观察的习惯。

（5）培养热爱大自然、热爱春天的情感，能主动到生活中发现春天的美好。

3. 学情分析

寒假结束，第二学期开学正值初春。时间的恰到好处让学生得以亲身体验大自然的变化，这对他们学习本课有很大的帮助。在之前的学习中，学生已经接触过描写春天的文章，并积累了一些好词佳句。在识字、写字方面，二年级的学生已经掌握了不少方法，教师在指导书写时应侧重使学生进一步感受汉字的形体美；在语言表达方面，该班学生积极活泼，乐于与教师互动，能用完整的句子表达自己的想法，但在书面表达——写话上仍有一定困难。

4. 教材分析

《找春天》是部编版小学语文二年级下册第一单元的教学篇目。全文以孩子的视角描写了初春的景象，语言优美，充满儿童情趣与文学色彩。朗读全文，能感受到一群撒欢儿奔跑的孩子在寻找春天的过程中不断发现春天的喜悦之情。文中的配图与导语，旨在引导孩子走进自然，感受春天的美好。因此，我把引导学生从文中感受春天的美好，并主动到生活中去发现春天的美好确定为教学难点。

二年级仍是识记生字的关键阶段，学生必须将文中注音的14个生字读准认准，否则将直接影响阅读质量与感情的体会程度。因此，我把引导学生识记生字，有感情地朗读课文确定为教学重点。

5. 教学模式与策略

教学模式：主要采用基于情境的体验式学习模式，将多种情境类型与体验方式融入语文课堂教学中，让情境体验为语文教学增色。

具体策略：课前教师布置预习作业，推送课文朗读音频；学生借助拼音认读生字，阅读全文。课中，通过动画视频导入，带领学生发现春天、走进春天；将图片识字、加法识字、归类识字等多种教学方法相结合进行识字教学；以教师范读、学生自由朗读、学生分组朗读等多种朗读方式引导学生反复朗读文本，让学生在朗读中产生情感共鸣，对"春天来了"的体验更加深刻。

6. 教学过程设计

表2-2 《找春天》教学过程设计

教学环节			教师活动	学生活动	组织形式
课前			1. 布置预习作业：（1）拼读课后生字，想想用什么方法能够记得又快又准（2）写一写田字格里的生字，要求格式正确，书写规范，并为它们组词 2. 推送课文朗读音频，通读全文	1. 借助拼音识记生字 2. 学写生字并组词 3. 聆听课文朗读音频，感受文章的情感变化	通过班级微信群发送课文朗读音频
课中	（一）视频导入		播放视频《春天在哪里》，组织学生一起跟唱	观看视频，跟唱歌曲	多媒体展示
	（二）识字教学	环节1：认识生字，练读词语	1. 出示词语，组织学生根据拼音自主练读 2. 指名读，全班读 3. 开火车轮流读	借助拼音认读词语	
		环节2：想想办法，熟记字形	圈出要求认读的生字，组织学生讨论识记方法	小组交流识记方法	教师组织、统筹课堂，学生汇报、补充

41

(续表)

教学环节			教师活动	学生活动	组织形式
课中	（二）识字教学	环节3：联系语境，理解词义	1.看图联想：出示图片，认读词语"音符""杜鹃""杜鹃花" 2.情境说话：（1）出示图片（刚长出地面的小草），练说句子：___从地下探出头来。"小草从地下探出头来"中的"探"字还可以换成什么字 （2）出示图片（一只小老鼠从洞口探出头来。小女孩从门后探出头来）：你能根据图片用"探"字说一句话吗 3．表演动作：出示写有"触""遮掩"的卡片，请学生演一演 4.联系生活：（1）你在生活中有过害羞的时候吗 （2）课文中说什么是"害羞"的？从哪儿可以看出春天的"害羞"	1.根据图片记忆词语 2.练说句子，理解"探"字的意思，并能用"探"字造句 3.表演"触""遮掩"的动作 4.回忆自己"害羞"的经历，并举手发言	1.大屏幕展示图片 2.教师组织、统筹课堂，学生发言、表演
		环节4：观察描红，练写生字	1.出示生字：冲、姑、吐、娘、柳、桃；教师示范，强调字体结构与笔画顺序 2.出示生字：荡、杏、寻；教师范写，强调字体结构与笔画顺序	1.观察左右结构的字，并在田字格内书写三遍 2.观察上下结构的字，并在田字格内书写三遍	学生练写生字，教师巡堂检查

第二章 语文儒雅课堂教学模式及经典案例

（续表）

教学环节		教师活动	学生活动	组织形式
课中	（三）阅读教学 环节1：朗读课文，感受春天	1.播放课文朗读音频，抛出问题：听完朗读，你觉得文中的几个孩子是怀着怎样的心情去找春天的 2.（1）组织全班朗读，提问：文中哪些词语表示孩子的心情 （2）指名朗读并进行引导：怎样才能读出找春天的急切与喜悦之情呢 3.组织学生合作交流：孩子们想找春天，春天好找吗？为什么？最后孩子们找到春天了吗？适时用幻灯片展示图片：探出头的小草、初绽的野花、吐芽的树木，以及音频"解冻小溪的流水声" 4.品析"探出""吐出"；以范读、指名读、齐读的方式引导学生反复朗读课文第4~7自然段	1.再听课文朗读音频，合作发言 2.根据教师的朗读指导，多次朗读课文	利用多媒体创设情境，教师组织、统筹课堂，学生发言
	环节2：练说句子，赞美春天	1.引领学生品读课文第8自然段，提出疑问：孩子们是怎么找到春天的？适时展示图片：柳枝下的秋千、空中的风筝、啼叫的喜鹊及杜鹃、绽放的桃花及杏花 2.结合生活实际，提出问题：春天给你的感觉是怎样的？你能读出春天的活泼吗？你认为春天还可能藏在哪里呢？你是怎么找到的 3.仿照例句写句子。①小草从地下探出头来，那是春天的眉毛吧。早开的野花一朵两朵，那是春天的眼睛吧_____，那是春天的_____ ②她在柳枝上荡秋千，在风筝尾巴上摇哇摇 她在_____，在_____	1.根据教师的朗读指导，多次朗读课文，读出春天的活泼，读出孩子们对春天的喜爱之情 2.结合生活实际谈谈春天还可能藏在什么地方 3.仿照句子练习写话	利用多媒体创设情境，教师组织、统筹课堂，学生发言
	（四）本课小结	教师结合板书进行小结	学生根据板书提示回顾本节课内容	

43

7. 课后练习设计

《找春天》用生动形象的语言描摹了春天景物的特点，激发了学生对春天的想象与探究春天的兴趣。

课后作业设计如下：将自己平时观察到的春天画下来，也可借助网络收集关于春天的资料，并以简单的文字描述其中的人物或景物。

此外，本课教学为达到"一篇带动多篇，帮助学生观察春天、发现春天"的目的，课后教师向学生推荐一些关于春天的文章——《特别的作业》《春的消息》。

8. 评价设计

课前预习作业：要求学生借助拼音初步认识课后生字，通读全文。设计这一预习作业的目的：一是扫除文字障碍，让学生形成自主学习生字的习惯，思考巧记生字的方法；二是通过聆听课文朗读音频，初步感受作者想要通过文章传递的感情。教师通过对预习作业的检查，掌握学生的学习情况，进行初步评价。

课堂练习：识字和朗读练习。引导学生对生字进行分类，小组讨论划分标准以及熟记方法，通过对学生写字情况及通过讨论得出的划分标准的考查，了解学生对生字结构、偏旁部首的掌握情况，进行过程评价。

课后练习：自由绘画及写话。要求学生留心观察春天，并把观察到的景物特点画出来，这对练习写话也有帮助。语文新课标对小学二年级学生的写话要求是"对写话有兴趣，留心周围事物，写自己想说的话，写想象中的事物""在写话中乐于运用阅读和生活中学到的词语""根据表达的需要，学习使用逗号、句号、问号、感叹号"。二年级是三年级进行写作学习的过渡阶段。在利用自由绘画的手段充分调动学生的表达愿望后，适当增加写话机会对形成学生的语文能力是大有裨益的。教师对学生的画作情况、表达情况进行考查，形成总结性评价。

二、教学实际过程描述

在实际教学中紧紧抓住情境教学的特点，将创设情境与注重体验贯穿于文本的深入研读中，使学生愿意主动走进春天、发现春天、探索春天的奥秘。

这节课的实际教学过程主要分为四个环节进行：视频导入环节、识字教学环节、阅读教学环节与本课小结环节。

视频导入环节：通过多媒体播放《春天在哪里》，组织学生观看视频并跟唱，将学生的注意力自然引入本课教学中。

识字教学环节：通过初读课文与圈出读不准的字，进入识字教学环节。在读音上，根据拼音，借助齐读、指名读、开火车轮流读等方法熟记生字，在这一过程中教师及时表扬读得好的学生，并注意纠正读错的字。在字形与字义上，学生小组讨论识记方法，教师将看图片、动作表演、联系生活实际等几种掌握生字的方法相结合，引导、启发学生正确掌握字形、理解字义。在写字上，教师示范并讲解字体结构，学生进行写字练习。

阅读教学环节：播放课文音频朗读，以"听完朗读，你觉得文中的几个孩子是怀着怎样的心情去找春天的""他们是如何找到春天的""找到的春天是怎样的"这三个问题为抓手，引导学生反复朗读课文，感受春天的美好。除了以读促悟，还要重点指导学生理解生动形象的语言表达特点，培养学生全方位细致观察的习惯。例如，对"小草从地下探出头来""树木吐出点点嫩芽"这一拟人化表达手法进行品析，让学生感悟到因为作者用词的生动，才让我们感受到春天的生机与活力。要想培养学生细致观察的习惯，不仅要通过文本提示学生观察的方法，让学生学会调动多种感官去发现春天，还要联系生活实际，鼓励学生说说自己观察到的春天的景物。

本课小结环节：以教师与学生的共同总结结束本课。以板书为线索，引导学生介绍春天的景物，说说观察的方法，进一步巩固本节课的学习所得。

三、学生学习成果

在教学中穿插播放图片、音频、视频，充分调动了学生学习的积极性，也使得教学内容更加直观形象，使学生对文本的感受与体验不再只停留在文字层面。多种形式的朗读，激发了学生寻觅春天、发现春天的兴趣，学生的情绪被调动起来，朗读时的感情也越来越充沛、饱满。在仿照例句写句子的环节，大部分学生能够结合自己的生活经历，写出不一样的关于春天的句子。课后推荐的阅读篇目拓宽了学生对发现春天的理解，也给学生观察春天提供了帮助。学生上交的绘画作业内容丰富、色彩艳丽，从不同的角度展示了他们观察到的早春风光，表达了他们对春天的喜爱。

四、教学反思

《找春天》是一篇与生活、自然联系非常紧密的课文，为了增强体验，我本想借助真实的校园环境让学生感受文中关于早春的描写，无奈因气候原因，2月份的湛江并没有表现出强烈的季节变化。既然课前无法引导学生走进自然，亲自观察自然的变化，我便思考如何利用多媒体在课堂上创设情境。因此，每一处景物描写的出现，我都配以图片、音频或视频。精美的课件吸引了学生的注意力,课堂气氛良好,学生学习热情高涨。

此外,语文新课标强调阅读教学要重视"读"的训练,引导学生在"读"中悟、在"读"中知。在这节课的设计中,我将朗读作为重点,贯穿教学始终。除了减少课堂提问外,对散文诗般整齐的排比句,我也只是做蜻蜓点水般的点拨,尽量做到以读代讲,致力于让学生在自主朗读中培养语感,受到情感熏陶。

(湛江市第八小学 李赵红)

第四节

语文儒雅课堂的活动教学

——以《咕咚》（第一课时）为例

一、教学设计

1. 设计思想

一年级学生活泼好动，很多学习习惯尚未养成，基于此，在语文教学过程中，教师可以适当加入一些学习活动，以活跃课堂气氛。因此，本节课我决定采用我校语文儒雅课堂的活动教学方法组织教学。

连环画课文教学是一年级语文教学的重要组成部分。一方面，因为识字量有限，一年级学生还不能做到独立阅读；另一方面，识字方法的缺乏也影响了一年级学生独立识字的能力。而语文新课标对低年段教学提出了明确要求：教师要引导学生"借助读物中的图画阅读"。借助读物中的图画进行阅读，不仅能帮助学生理解文意或语意，还能鼓励学生在识字量不多的情况下，运用多种阅读策略认识生字。因此，在本次教学中，重点引导学生学会利用图画学习生字、理解内容，从而使学生的猜读能力、自主阅读能力得到发展。

2. 教学目标

通过图画、形声字的特点等猜字、认字；正确书写生字；借助插图厘清故事发生的顺序，了解故事内容。

3. 学情分析

从身心发展特点来看，一年级学生的认知尚处于启蒙阶段，学习动机不够明确，尚未形成完整的知识结构体系。主要表现为：有意注意占主要地位，持久性较差；以形象思维为主，表现欲旺盛；基本的学习方法和学习技能比较欠缺，对知识学习的本质理解不深刻，对课堂形式的关注往往高于对课堂学习内容的关注。基于此，教学中应注意课堂组织形式的多样化。

《咕咚》一文虽然没有全文注音，但学生根据已有识字储备和课文插图，大致了解故事内容不成问题。通过对一年级上册《小蜗牛》的学习，学生已经初步学会了利用形声字特点和图画进行猜读的方法，这为本课进一步落实阅读策略的运用与提炼奠定了坚实的基础。可是，也正因为学生认识的字已达到一定数量，这无形中也对他们学习新的生字产生了一定的干扰。因此，在写字环节，要加强引导学生对形近字与音近字进行比较，这对识记字形尤为重要。

4. 教材分析

本课是部编版小学语文一年级下册的课文。这是一篇有趣的童话故事，其主要内容为兔子因为听见木瓜掉进水里发出的"咕咚"声而吓得拔腿就跑，其他动物在兔子的影响下也不明所以地跟着逃跑，直至野牛出现，提出疑问，方才搞清事情真相。本课为连环画课文，是继一年级上册《小蜗牛》后出现的第二篇只对个别难字进行注音的课文，旨在进一步发展学生通过图画进行阅读的能力，为学生的自主阅读打下基础。其中，课文的第2~4自然段结构相似，情境性较强，是最佳的语言训练素材。此外，学会通过信息进行简单推断也是本单元学生要达到的要求之一。所以，本课将借助插图学习第1~4自然段，将了解故事内容和正确书写生字"吓"

作为教学重点,将通过图画、利用形声字的特点学会猜字、认字作为教学难点。

5. 教学模式与策略

教学模式:遵循"先学后教,以学定教"的理念,结合学生心理与语文教学的特点,课前要求学生自读课文,圈出自己不认识的字,在第二天的课前朗读中,关注学生的圈画情况,进一步调整、确定识字教学的重点内容;课上设置多样的教学活动,让学生通过不同的学习模式充分感受故事中小动物们的心情,理解其行为发生的原因,从而明白故事要说明的道理,实现阅读能力的提升。

具体策略:让学生通过形声字、图画来猜字、识字,掌握多种识字方法,扫除阅读障碍;采用分角色朗读、表演童话、讲故事的方法提高学生的学习兴趣,使其积极参与,体会文本内容,在朗读与表演中感知动物的心情与蕴含在童话中的道理。

另外,在学习情境创设方面,主要采用以下方法:播放不同的声音,组织学生猜一猜这些声音是什么动物发出的,并尝试模仿这些声音;制作兔子、猴子、小鹿、大象、野牛的头饰,组织学生进行分角色朗读与故事表演。引导学生站在饰演的小动物的立场,说一说自己会发生逃跑行为的原因,帮助学生总结道理。

6. 教学过程设计

表2-3 《咕咚》教学过程设计

教学环节	教师活动	学生活动	组织形式
课前	1.布置预习作业:(1)自读课文;(2)将文中不会读的字圈出来 2.发送《咕咚》动画视频	1.观看《咕咚》动画视频 2.自学字词,朗读课文	通过班级微信群发送《咕咚》动画视频

(续表)

教学环节		教师活动	学生活动	组织形式
	环节1：听音辨物，课堂导入	1.播放大自然中各种事物的声音，引导学生进行模仿，并猜测是什么声音 2.揭示课题"咕咚"，并引导学生利用形声字的特点学习"咕""咚"二字 3.相机讲解：这两个字可以组成"咕咚"一词，像这样表示声音的词叫象声词	1.听音辨物 2.独立思考：如何记住"咕""咚"二字的读音，各抒己见 3. 列举学过的象声词	教师组织、统筹课堂，指名回答
课中	环节2：图文对照，了解故事	1. 出示课文插图及相应的段落，梳理故事情节（重点学习第1~4自然段） （1）重点讲解第2自然段中"拔腿就跑"一词 ①出示兔子拔腿就跑的图片，讲解词语意思 ②组织学生体验"拔腿就跑" （2）引导学生联系日常生活，说说害怕时自己都有哪些反应。通过指名读、全班读、角色扮演等多种方法，引导学生读好兔子说的话 （3）出示图片及第3自然段，着重指出"大叫"一词，组织学生进行角色扮演，读好小猴子说的话 （4）出示图片及第4自然段，通过集体表演帮助学生理解词语"热闹" 2. 解疑："咕咚"是什么 3. 出示连环画，引导学生思考：连环画缺失了哪一部分的内容？教师在黑板上把缺失的第一张图补充完整：木瓜从高高的树上掉下来	1. 观察图片，读相应的文章段落，思考：听到咕咚声，兔子的反应是什么 2. 观察图片，说说什么是"拔腿就跑"？表演"拔腿就跑"这一动作 3. 结合自己的生活经历，通过各种朗读方法感受兔子与猴子的害怕心理 4. 观察图片，角色扮演兔子、猴子、小鹿、大象，还原"热闹"的氛围	多媒体辅助教学，角色扮演，创设情境，体验情感

（续表）

教学环节		教师活动	学生活动	组织形式
课中	环节3：相机教学，学习生字	1. 出示带拼音的生字：熟、掉、逃、命 2. 出示不带拼音的生字：吓、鹿、象、拦、领，指名为生字注音；组织小组讨论：用什么方法猜出这些字的读音 3. 示范指导书写"吓"字	1. 认读带拼音的生字 2. 小组讨论，采用多种方法认读生字 3. 汇报生字学习情况：用哪种方法识记了哪些生字，哪些生字可以用同一种方法识记 4. 在田字格中描红、临写生字	教师组织、统筹课堂，小组讨论发言
	环节4：巩固提升，试说故事	出示完整的课文连环画，引导学生根据图画述说故事发展的脉络	借助图片，按照顺序把故事大意说完整	大屏幕展示连环画
课后	作业布置	以小组为单位，表演"咕咚"这个故事。思考课后问题：为什么野牛不跟着大家一起跑	确定扮演的角色，根据课文内容进行模仿；思考课后问题	

7. 课后练习设计

课后作业设计如下：以表演情景剧的形式表演这个故事。

8. 评价设计

针对课上的问答、朗读、角色扮演，采用他人评价与自我评价相结合的方法进行评价。

二、教学实际过程描述

按照教学过程设计，本节课遵循语文儒雅课堂的教学理念，按照童话教学的基本方法实施教学。然而，由于一年级学生注意力不能持久，需在实际教学过程中灵活调整教学方式。因此，本节课的教学顺序在教学过程中略有调整。具体如下：

课前布置预习作业，发送《咕咚》动画视频。学生通过观看视频与自读课文，掌握故事大意。在视频与插图的帮助下，学生能够对生字词的读音进行猜测，这有利于促使学生进行多种识字方法的尝试。

课中，首先以听音辨物游戏吸引学生的注意力，让学生猜测播放的声音并进行模仿，自然导入本课教学。课题"咕咚"正是本课要认读的生字，这里第一次点拨学生学会利用形声字的特点来猜读不认识的字。其次，根据故事情节的发展顺序，展示课文插图与相对应文段，并进行故事讲解。在分析过程中，注重加强学生与文本对话的主动性，引导学生在有感情朗读、看图想象、角色扮演、动作模仿等活动中，根据自己的体验说出自己的心理感受。通过读文、看图，进入悟境、悟情、悟理的阅读境界。此外，学习生字"吓、鹿、象、拦、领"，组织学生进行有关识字方法的讨论。再次，根据已展示的课文插图，提出疑问：这本连环画是完整的吗？如果不完整，它缺少了哪部分内容？在学生讨论发言完毕后，教师出示缺失的第一页连环画。最后，利用PPT展示完整的连环画，教师指引学生在连环画的启示下，说出故事大意。

布置表演课文情景剧的作业，在第二天的课堂上让各小组分别进行表演展示，教师与其他学生共同点评。通过课后的表演作业，激发学生的学习兴趣。

三、学生学习成果

学生都能根据故事内容结合自己的感受进行表演，表演展示时每个小组成员都跃跃欲试。在各小组表演完毕后，教师适时对他们进行采访：你最喜欢故事里的哪个小动物？为什么？经过一轮的角色代入，学生对这个问题已经有了一定的思考与感知，虽然还不能非常准确地将故事中的道理表达清楚，但由于熟悉了故事中小动物的性格特征，便能为后面的学习打下基础。

四、教学反思

因为心智尚不成熟，一年级学生对童话这一体裁的文学作品更容易表现出极大的兴趣。而童话本身具有丰富的想象，最能满足学生审美心理和审美情趣的需求。在实际教学中，最忌讳教师将童话上成一般的阅读课，对故事进行大量的理性分析。这不仅使那些生动有趣的童话形象被肢解，学生的学习兴趣也会随之淡化。事实上，作为一种文学形式，童话不仅与其他文学作品一样具有教育功能，还具有独特的认识功能与审美功能。因此，在教学中，我尤其注重童话的艺术性取向。无论是朗读、动作模仿、角色扮演还是故事表演，我都利用了童话易于表演这一特征开展教学。通过表演，一方面，学生爱玩的天性得到了满足，勇气得到了锻炼；另一方面，在充分的情感体验中，学生对故事的感悟与理解也得以进一步深化。

（湛江市第八小学　唐艺恒）

第三章
数学儒雅课堂教学模式及经典案例

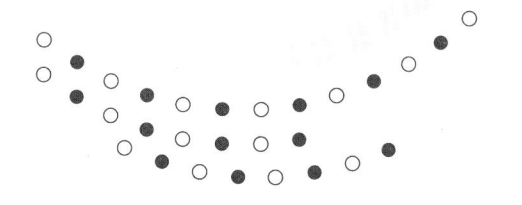

第一节

数学儒雅课堂教学模式

一、数学儒雅课堂教学模式概述

1. 基本理念

数学儒雅课堂注重学生的主体地位，倡导师生之间的平等。通过打造和谐的师生关系、加强数学与生活的联系，创新课堂；强调任务型教学、情境教学与游戏教学等多种教学手段的融会贯通，打造充满活力的数学课堂。同时，注重在教学中展现数学之美，渗透博大精深的数学文化，展现数学的巨大魅力，从而提高学生的数学核心素养，培养学生的数学思维，促进学生数学能力的发展。

2. 教学方法

（1）注重培养学生的数学思维。

《义务教育数学课程标准（2011年版）》（以下简称"数学新课标"）中指出："在数学课程中，应当注重发展学生的数感、符号意识、空间观念、几何直观、数据分析观念、运算能力、推理能力和模型思想。为了适应时代发展对人才培养的需要，数学课程还要特别注重发展学生的应用意识和创新意识。"数学教育能够很好地促进学生思维能力的形成，培养学生的数学思维对其发展有着不可替代的作用。因此，在数学教学过程中，应紧紧抓住数学学科核心素养，发展学生的数学思维，培养出顺应时代发展的人才。

（2）数学任务的引领作用。

数学任务是将学生的注意力聚焦到与一个特定数学内容相关的一系列问题或一个复杂问题上的数学活动。数学任务是为达到特定的教学目标而设定的，以数学问题为载体，以小组合作的形式展开，旨在提高课堂教学质量。数学任务的设定需要教师既能立足于教材，对教材进行透彻研读，产生深刻的理解，又能够灵活地将教学内容与学生的实际生活联系起来。

数学新课标中提出："数学教学活动，特别是课堂教学应激发学生兴趣，调动学生积极性，引发学生的数学思考，鼓励学生的创造性思维；要注重培养学生良好的数学学习习惯，使学生掌握恰当的数学学习方法。"数学教学活动要服务于课堂，要促进学生的发展，不能是流于形式的活动。传统的数学课堂大多采用教师与学生简单问答的刻板的教学形式，千篇一律的教学活动会造成学生的思维固化。数学儒雅课堂立足于学生，注重教学活动的创新，在教学过程中通过发掘数学文化，培养学生的数学学习兴趣，立足教材而又超越教材。

（3）将优秀数学文化渗透于数学课堂。

"儒雅"代表着一种文化，数学儒雅课堂注重数学文化的渗透，通过数学知识与数学文化的融会贯通，发展学生的理性思维。数学名师张齐华说过："数学真正的文化要义在于，它可以最大限度地张扬数学思考的魅力，并改变一个人思考的方式、方法、视角。数学学习一旦使学生感受到了思维的乐趣，使学生领悟了数学知识的丰富、数学方法的精巧、数学思想的博大、数学思考的美妙，那么，数学的文化价值必显露无遗。"由此可知，数学文化的价值在于让学生大胆思考，用数学的角度去思考问题，感受学习数学的乐趣。数学儒雅课堂力求做到让数学文化丰富课堂，调动学生自主学习的积极性，鼓励学生的质疑精神，让学生充分参与到数学思考中来，培养学生的数学钻研精神与数学品格。

3. 基本原则

（1）趣味性原则。

数学儒雅课堂避免了传统的教师说教，改变了沉闷的课堂氛围，要求课堂生动活泼、充满乐趣，遵循学生的天性，以打造"活力课堂"为目标，最大限度地培养学生的学习兴趣，激发学生的学习潜能。

（2）和谐性原则。

在数学儒雅课堂中，师生之间的关系是和谐的，是相互促进、教学相长的。在课堂教学中，不提倡学生对教师的绝对服从，而是通过小组合作、"小老师"等多种教学形式，鼓励学生积极探索，培养学生的质疑精神、钻研精神。

（3）创新性原则。

数学儒雅课堂鼓励教师结合学生的实际生活，活用教材，根据教材进行创造性教学。教学活动的创设要具有创新性，进而打造具有特色的数学儒雅课堂。

二、数学儒雅课堂教学基本环节

数学儒雅课堂的教学过程一般包括创设情境，导入新知；自主探究，学习新知；小组交流，深化理解；联系生活，应用新知和课堂小结，梳理新知这几个环节。课堂教学以问题为导向，以教学任务为载体，采取小组合作的形式，培养学生解决问题的能力以及数学思维。数学儒雅课堂以学生为主体、教师为主导，二者相互促进、教学相长，从而提高课堂教学质量，保证学习效果。数学儒雅课堂教学基本环节如图3-1所示。

创设情境 导入新知 ⇒ 自主探究 学习新知 ⇒ 小组交流 深化理解 ⇒ 联系生活 应用新知 ⇒ 课堂小结 梳理新知

图3-1　数学儒雅课堂教学基本环节

1. 创设情境，导入新知

基于学生的生活、教学内容、学生的学习特点，利用多媒体创设真实的数学学习情境引入新课教学，吸引学生的注意，增加课堂的趣味性，激发学生的学习兴趣，引导学生积极思考。

2. 自主探究，学习新知

通过创设的真实情境，抛出关键问题，引发学生的认知冲突。同时，给予学生充足的时间和空间，让学生经历自主探索的过程，充分思考，积极主动地参与到问题思考中来，自主地构建知识体系，从而使每个学生都得到发展。

3. 小组交流，深化理解

在教学过程中，注重培养学生提出问题、分析问题、解决问题的能力。学生小组合作，与小组成员讨论交流，学会聆听其他同学的不同观点，从而培养合作意识，提高学习能力。

4. 联系生活，应用新知

数学源于生活，又应用于生活，数学教学要注重知识和生活实际的密切联系。在教学过程中，既要把数学知识从实际生活中抽象概括出来，又要将其回归于生活，让学生感受到数学无处不在，领悟到数学的魅力所在。

5. 课堂小结，梳理新知

让学生回顾本节课的内容，梳理本节课所学知识，使学生在头脑中形成清晰的知识结构。提出开放性问题"这节课你收获了什么"，让学生畅所欲言，促进知识的内化。

三、数学儒雅课堂教学注意事项

1. 注重丰富数学文化知识

数学是一门工具性学科，它对学生的长远发展有着不可替代的作用。学生的数学素养不仅体现在解题能力上，还体现在思维能力上。因此，在课堂教学中，教师要注重丰富数学文化知识，让学生通过学习博大精深的数学文化，感悟数学之美，领悟数学的魅力，从而使数学课堂更具灵动性。

2. 营造活跃的课堂氛围

课堂氛围能够反映出教师的教学情况和学生的学习状态。课堂氛围如何取决于教师采取什么样的教学手段、教学策略，怎样组织课堂教学，能否构建学生感兴趣的教学活动，以及教师本身的学科素养如何。相对于沉闷的课堂氛围而言，学生更乐于在活跃的课堂氛围中学习，活跃的课堂氛围更具有感染力，更能激发学生的学习自主性。在这样的氛围下，学生才能没有负担地提出疑问，大胆地探讨，真正成为一个发现者、探索者。

3. 注重学生的学习过程

数学新课标中指出："学生在数学学习过程中，知识技能、数学思考、问题解决和情感态度等方面的表现不是孤立的，这些方面的发展综合体现在数学学习过程之中。"不同学生的发展速度是不同的，有的学生发展较快，有的学生发展较慢，这就要求教师在学生获取知识的过程中不能急于求成，要注重学生的学习过程，并适当地给予鼓励。

第二节

在生活中感悟数学

——以"搭配中的学问"为例

一、教学设计

1. 设计理念

本课教学以建构主义学习理论为指导，努力打造活力课堂。课堂教学主要采取小组合作、组内分工的形式，促使学生积极思考、热情参与。根据学生的最近发展区和学生的认知需求设定教学任务，每一个教学任务的展开都是为了达成教学目标，促进学生的发展。组内分工避免了小组合作流于形式，确保每一个学生都能参与到学习活动中来。此外，在整个教学过程中，教师充当着组织者与指导者的角色，协助学生自主获取知识，构建知识体系。

2. 教学目标

（1）会用画树状图的方法解决搭配问题，提高有序思考问题的能力。

（2）在探究用不同方式表示搭配方法的过程中，初步形成符号意识。

（3）在解决搭配问题的过程中，体会数学在现实生活中的应用。

3. 教学重难点

教学重点：掌握简单的搭配方法。

教学难点：用有序思考的方法解决搭配问题。

4. 学情分析

对于教材中提供的"搭配服装""营养配餐""去动物园的路线"这三个素材,学生都不陌生。三年级的学生,对搭配已经有了一定的生活经验,但是,对于如何有序地搭配和找到一共有多少种搭配方法,是需要教师引导的。

5. 教材分析

"搭配中的学问"为北师大版小学数学三年级上册"数学好玩"中的内容。本课主要学习在两类不同对象之间进行搭配的问题,属于排列与组合问题中比较简单的组合类型的问题,在日常生活中的应用比较广泛。教材选取了"搭配服装""营养配餐""去动物园的路线"三个生动有趣的现实素材,引导学生在观察、操作、想象、实验等活动中初步学会有条理地思考并解决有关搭配的现实问题。

6. 教学模式与策略

本课教学采用抛锚式教学策略,遵循以学生为主体、教师为主导的基本理念,以"创设情境—确定问题—自主学习—协作学习—效果评价"为主线进行。教学过程包括三个环节,分别为创设情境,导入新知;自主探究,学习新知;总结质疑,深化理解。

首先,通过创设"马戏团里的小丑要表演"的情境,导入本课内容。那么问题来了:"要怎么搭配呢?"这一关键问题的抛出,能使学生主动地深入到本课的教学重点上来。其次,通过"摆""说""画""搭"四个教学活动,布置不同的教学任务,让学生一步一步深入到搭配学问中来。大部分学生会采用画图的方式解决问题,教师要引导学生采用多样的表达方式,培养学生的发散思维。在学生自主完成搭配后,教师组织学生交流讨论，然后进行小组汇报，以了解学生是否真正掌握了搭配这一学问。

7. 教学过程设计

表3-1 "搭配中的学问"教学过程设计

教学环节		教师活动	学生活动	设计意图
环节1：创设情境，导入新知		1. 创设情境：元旦快到了，马戏团里的小丑要表演节目，他想选一顶帽子和一条裤子，可是不知道怎样搭配。你们愿意帮助他吗 2. 引出课题——搭配中的学问	倾听教师讲小故事，在教师的带领下进入数学情境	通过学生喜欢的小丑引出搭配问题，自然又有趣，能吸引学生的注意力，激发学生学习搭配知识的兴趣
环节2：自主探究，学习新知	活动1：摆一摆，说一说	1. 教师引导学生把课前准备的学具拿出来动手摆一摆 2. 采取小组汇报的方式，对学生的搭配情况进行反馈 3. 先让没按顺序搭配的学生展示，发现遗漏和重复现象，再让学生展示其他方法。还有没有其他的搭配方案呢？为什么这么肯定？搭配时，我们要注意什么才能做到不遗漏、不重复	1. 利用学具图片进行搭配，动手摆一摆，并与同桌说一说 2. 反馈交流，展示自己的搭配过程和搭配结果 3. 比较不同方法，初步感受按一定顺序搭配的好处	教材中的活动具有丰富的可操作性，学生应该在动手操作中探索搭配的学问，初步获得有关搭配的活动经验。学生在分享和交流中明确了自己的搭配方法的不足，学会了有序搭配
	活动2：画一画，说一说	1. 根据活动1中学生找出的不同的搭配方法，提出问题：如果没有这些图片，怎样把你想的过程记录下来和大家交流呢？能不能想个好办法，把这几种搭配方法表示出来 2. 引导学生以用字母表示的方法进行搭配	1. 学生尝试用各种方法表现搭配的过程 2. 展示交流各自的表示方法 3. 重点讨论用字母表示的方法，理解 A_1、A_2、B_1、B_2、B_3 各自表示的具体含义，并体会这种表示方法有什么好处 4. 选自己喜欢的字母进行表示，再次体验用字母表示搭配的方法	通过活动1，学生在操作中学会了有序搭配。在此基础上，引导学生把搭配方法用图形表示出来，经历知识从具体到抽象的过程

(续表)

教学环节		教师活动	学生活动	设计意图
环节2：自主探究，学习新知	活动3：搭配午餐	创设情境：我们为小丑选择了表演的服装，他非常感谢我们，想请我们吃午餐（出示午餐信息）。一种主食搭配一种炒菜，可以有多少种不同的配餐方法？你能把这些方法都表示出来吗	1. 学生尝试表示出所有的搭配方法 2. 集体交流，展示思考过程和表示方法	让学生根据前面积累的学习经验和方法，尝试将主食和炒菜进行搭配，找出共有多少种不同的配餐方法，并尝试运用前面的各种方法来表示，使学生掌握解决此类问题的一般策略
	活动4：搭配路线	1. 创设情境，提出问题：吃完午餐，小丑要带我们去动物园（出示路线图，明确学校到少年宫有2条路，少年宫到动物园有3条路），学校到动物园一共有多少条路可以走 2. 引导学生观察比较，发现知识之间的内在联系	1. 学生尝试用自己喜欢的方式表示所有路线 2. 交流各自的表示方法 3. 观察比较解决前面三个搭配问题所画的图示，把发现与同伴说一说，再进行集体交流	从表面看，"去动物园的路线"与"搭配服装"不是同类问题，但学生通过交流探讨，会发现求"去动物园一共有几条路可以走"和"有多少种服装搭配的方法"可以用同样的方法表示，从而沟通了知识之间的内在联系，提高了触类旁通、学以致用的能力
环节3：总结质疑，深化理解		总结：你喜欢今天的数学活动吗？说一说你今天的学习收获吧！日常生活中，还有哪些问题能用今天学到的有关搭配的知识解决呢？对于今天学习的内容，你还有什么问题吗	学生针对本课所学的知识畅所欲言、各抒己见	课堂小结有利于学生对本课所学知识进行梳理，通过开放性问题，感悟数学是与生活密切相关的

8. 课后练习设计

学生通过课堂上认真听讲和动手搭配，已经对搭配有了一定的感知和理解。本课的内容属于"数学好玩"这一章节，课后练习的布置比较开放。教学结束后，教师要求学生仔细观察日常生活中的现象并思考：还有哪些日常生活中的问题能用今天学到的有关搭配的知识解决？从而把数学与生活联系起来，激发了学生学习数学的兴趣。

9. 评价设计

本课采取灵活多样的评价方式，把教师评价、小组评价和学生自评有机结合，旨在使评价客观公正。

教师评价：主要是在教学活动中，通过问答和小组汇报判断学生对知识的掌握情况，从而及时调整教学活动，促进学生的发展。

小组评价：四人为一小组，在学习过程中进行合作交流，并对其他小组成员的学习情况和学习态度进行评价。

学生自评：这是在学生完成一节课的学习后，对自身学习情况进行的客观评价。

二、教学实际过程描述

本课教学通过四个活动紧紧抓住了重点、突破了难点，使学生掌握了简单的搭配方法，并把学到的数学知识进行了运用，即用有序思考的方法解决日常生活中的搭配问题。

首先，教师课前做了充分准备，如课堂上需要的教具，让学生有实物可操作，而不是凭空想象，这充分调动了学生的积极性。

其次，教学伊始，教师通过创设情境，向学生抛出问题，引出"搭配中的学问"这一课题。

再次，四个生动有趣的活动是本节课的重点内容，也是精彩所在。活动的设计在于让学生学会搭配，能够运用搭配思想。一个接一个活动的出现，使得学生的学习情绪一直高涨。学生通过自主搭配、小组交流汇报，意识到搭配方式的多种多样，也意识到合理的搭配方法的必要性，从而完成本课教学目标。

最后，教师带领学生进行总结，让学生畅所欲言、各抒己见。

三、学生学习成果

本课旨在让学生掌握简单的搭配方法，用有序思考的方法解决日常生活中的问题。经过教学，本课的目标基本达成。

在本课的教学中，儒雅课堂教学模式把生活与数学交织在一起，让学生体验生活中的数学。本课一共设计了四个活动，活动1：摆一摆，说一说；活动2：画一画，说一说；活动3：搭配午餐；活动4：搭配路线。整个过程连续而有趣，以自主探索、小组交流、集体汇报的形式，引领学生在玩中学，使学生在不知不觉中掌握了简单的搭配方法。

四、教学反思

"搭配中的学问"是一节实践活动课。在本课中，我紧紧围绕教材中提供的三个搭配素材展开活动，引导学生在观察、操作、实践中学会有条理地思考并解决有关搭配的实际问题。

本课的成功之处有以下几点：一是课堂气氛活跃。学生讨论、汇报热情高涨，参与度高，课堂充满活力。二是注重层次性和思考性。活动设计符合学生的认知规律，由易到难，具有层次性；重视培养学生对搭配问题的思考能力，引导学生在自主思考的基础上交流。三是注重数学与生活的联系，培养学生应用数学知识解决实际问题的能力。数学来源于生活，应用于生活。三个关于搭配问题的活动素材都是生活中常见的，有利于学生应用本课知识解决实际问题。

本课的不足之处有以下几点：一是忽视了个体差异。在教学过程中应该时时关注学困生，发现他们的思维误区，及时加以引导。二是课堂教学的评价有待改进。本课教学在关注学生评价方面做得不到位，课堂评价应多种方式相结合，在注重结果的同时关注学生的学习过程。

（湛江市第八小学　梁土娟）

第三节

在实践中感悟数学

——以"什么是周长"为例

一、教学设计

1. 设计思想

本课教学以活动为主导，每个活动都带有特定的教学任务，以引起学生的认知冲突。伴随着教学任务的完成，逐渐突破教学重难点，带领学生构建知识体系，进行有效学习。课堂上，以学生的自主探究为主，教学任务以问题形式呈现，通过问题引导学生主动思考。同时，将数学核心素养融入数学活动之中，培养学生的知识技能、数学思考能力和问题解决能力。

2. 教学目标

（1）结合具体的事物（或图形），认识周长，能量出、算出简单图形的周长。

（2）通过观察、操作、思考、交流等活动，逐步理解周长的概念，在获得直观经验的同时发展空间观念。

（3）能积极地参与到认识周长的操作活动中，通过自己的感性体验，获得周长的概念，增强学习的兴趣与信心。

3. 教学重难点

教学重点：认识周长，能选用合适的工具和方法测量实物的周长。

教学难点：理解周长的概念。

4. 学情分析

虽然三年级的学生已经学习了平面图形，在实际生活中，学生见到、摸到、用到的平面图形比较多，但很少关注其周长。周长对三年级的学生来说比较抽象，教材是从学生熟悉的生活情境引入的，符合学生的接受心理，能激发学生的学习热情。

5. 教材分析

"什么是周长"是北师大版小学数学三年级上册中的内容。本课教学内容是在学生认识了三角形、平行四边形、长方形、正方形等平面图形的基础上，进行的平面图形周长的教学。教材呈现了有意义的、富有挑战性的材料，从学生熟悉的生活事例入手，拓宽学生对周长的感性认识，帮助学生建立丰富的表象，初步认识周长的意义。

6. 教学方法

围绕教学目标和教学重难点，本课教学主要采取情境教学法和发现法。

其一，情境教学法。数学教学要注重知识和生活实际的联系，通过创设亲切、自然、贴近生活的问题情境，激发学生解决问题的欲望。创设小蚂蚁跑步锻炼的情境，增加课堂的趣味性，使抽象的数学算式具体化，激起学生探索的兴趣。

其二，发现法。以活动探究为主的发现法是本课采用的主要教学方法。在教学过程中，通过提出关键问题，引导学生积极、主动探索，发展学生的数学能力，锻炼学生的数学思维。

7. 教学模式与策略

本课采用智慧课堂教学模式。

课前，教师充分了解学情，准备学具、教具，并准备好引导学生自主预习的微课视频，为课堂教学做准备。

课中，以"创设情境—自主探索—合作交流—小组汇报—评价反馈"为主线展开教学活动。为突破教学重难点，设计了三个教学活动：画一画，说一说；找一找，摸一摸；量一量，算一算。这三个活动引领学生由初步感知物体的周长到深入了解并学习测量、计算周长，达成教学目标。

课后，布置开放性作业。开放性作业的布置，使学生乐于学习、主动学习，从而进一步巩固所学知识。

8. 教学过程设计

表3-2 "什么是周长"教学过程设计

教学环节		教师活动	学生活动	设计意图
课前准备		了解学情；准备多媒体课件、直尺、硬币、细绳、软尺等	观看教师发的微课视频，并做好相关笔记，完成导学案	微课视频的作用在于让学生提前了解有关周长的知识
课堂活动	环节1：创设情境，引入新知	1. 创设情境：同学们，我今天请来了一位好朋友——小蚂蚁。它有一个非常好的习惯，那就是经常锻炼身体。看，它又要跑步了（出示课件） 2. 引出课题：这样由一点出发，再回到起点的一圈，在数学中叫一周。外面的边叫边线（课件显示树叶一周的边线），引出主要学习内容"什么是周长"（板书）	观看蚂蚁爬树叶的动画（小蚂蚁沿着树叶的边线爬一周）	三年级的学生正处于形象思维与抽象思维的过渡阶段，有趣的教学情境的创设，加上直观生动的动画，能够吸引学生的注意力，激发学生的学习兴趣

71

（续表）

教学环节		教师活动	学生活动	设计意图
课堂活动	环节2:实践操作,理解新知 1.画一画,说一说	出示图片,要求学生描出图形的边线,感知图形一周的长度	按要求沿着图形的边线描一周	引导学生初步感知周长,通过周长概念的再创造,增强学生的数学表达能力,培养学生勤于思考、总结归纳的能力
	2.找一找,摸一摸	组织学生找出生活中的一个物体,或者找出一个自己喜欢的图形,摸一摸,说一说"什么是周长"	寻找物体,亲手去摸一摸它们的周长,并大胆表述出来	生活与数学是密切相关的,通过让学生寻找生活中的物体,并说出它们的周长,加强数学与生活的联系,让学生感受到周长无处不在
	3.量一量,算一算	出示四个测量对象:三角形、树叶、硬币、腰围。让学生用恰当的方法测量,并记录测量结果	在教师的指导下进行测量,把相关数据整理成表格,并进行汇报	逐步深入,让学生亲身去感悟"周长"这一抽象概念,这既能发展学生的数学思维,又能提高学生解决问题的能力,丰富学生对测量方法多样化的认识,还能使学生感知周长与实际生活的联系
	环节3:实践训练,延伸新知 第一关	呈现任务:用四个边长1厘米的正方形拼成下面的图形(出示图片)。哪个图形的周长最短	自主探索拼图,比较周长,并在小组内交流、讨论后进行汇报	闯关游戏可以激发学生的学习热情,让学生在快乐的学习中获取知识

（续表）

教学环节		教师活动	学生活动	设计意图
课堂活动	环节3:实践训练，延伸新知 第二关	呈现任务：哪个图形的周长最长	自主探索思考，比较出周长，并在小组内交流讨论后进行汇报	闯关游戏可以激发学生的学习热情，让学生在快乐的学习中获取知识
	第三关	1.课件呈现图片，提出问题：下面两个图形的周长一样长吗 2.查看学生的完成情况：学生是用什么方法比较图形的周长的？分别有哪些小组闯过了第三关	思考比较这两个图形的周长，进而验证：这两个图形的周长是相等的，并进行小组汇报	
	环节4：回归生活，总结新知	结语：通过今天这节课你们学会了什么？有什么收获	表达自己的见解，畅谈这节课的收获	系统的梳理有利于学生形成清晰的知识脉络

9. 课后练习设计

布置开放性作业，如"跟爸爸妈妈说一说我们身边的周长""回家后，用今天所学的知识为爸爸妈妈量一量胸围、腰围和臀围"。课外练习，不仅能反馈学生对所学知识的掌握情况，同时还能延伸到实际生活中，体现数学与生活的密切联系，激发学生的学习兴趣。

10. 评价设计

课前采用形成性评价。发给学生导学案，让学生预习后，完成导学案，以此判断学生的预习情况和已有基础。

课中以表现性评价为主。在教学过程中，根据学生不同的行为表现进行评价。比如，对学生在课堂上的表现、小组合作学习情况等进行评价。

课后根据学生的课外练习情况进行评价反馈。

二、教学实际过程描述

本课教学从学生已有的经验和知识出发，创设学生喜闻乐见的情境，让学生在具体情境中，通过观察、操作、体验，充分感受、理解周长的含义。充分利用多媒体课件，让学生通过一系列实践活动来掌握知识。

在课堂上，首先创设生动、有趣的小蚂蚁跑步锻炼的情境，激发学生的学习兴趣，并让学生初步认识"一周"和"周长"这两个词语。接下来，通过"画一画，说一说"，让学生充分感知图形的周长；通过"找一找，摸一摸"，让学生理解周长；最后，通过"量一量，算一算"，巩固学生对周长的认识。先组织学生同桌间测量头围、腰围，再以小组合作的形式测量树叶和数学书封面的周长，通过实践操作，深化学生对周长概念的理解，培养学生思维的多样性。

接着，引导学生探索正方形、长方形的周长还可以怎么测量和计算，这样的拓展活动激发了学生智慧的火花，提高了学生独立思考、敢于创新的能力，帮助学生在活动中理解了概念、掌握了知识，让课堂充满了活力，让学生成为真正的主人。

最后，设计闯关练习，让学生在玩中学、学中玩，从而使学生获得学习上的成就感，激发学生的学习动机。

三、学生学习成果

学生的学习效果主要体现在课前、课中、课后三个环节。

课前：通过教师发的微课视频进行预习，学生初步感知了什么是周长。

课中：教师进行系统讲解，在"画一画，说一说"教学活动中，学生在脑海中形成了周长的概念。在"找一找，摸一摸"教学活动中，学生在实践体验中接触到了身边的周长。在"量一量，算一算"教学活动中，学生巩固了对周长的认识。这三个教学活动，使学生对周长有了深入的认识，能够自主选择合适的工具和方法测量实物的周长。此外，在闯关练习中，对于由简单图形拼成的复杂图形，学生大致能够进行正确的周长比较，说明学生已经掌握了测量周长的基本方法。

课后：通过拓展延伸，让学生亲自为爸爸妈妈量一量胸围、腰围和臀围，进一步深化了周长的概念。

四、教学反思

数学新课标指出："教学活动是师生积极参与、交往互动、共同发展的过程。有效的教学活动是学生学与教师教的统一，学生是学习的主体，教师是学习的组织者、引导者与合作者。"本课的教学活动，以学生为主体，教师为主导，在积极的交往互动中，促进了学生的发展。

1. 注重数学思想方法的渗透

教学应注重教会学生学习而不是对学生进行知识灌输。同样，数学教学应注重教会学生学习数学的方法，教会学生思考。比如，在本课教学中，学生说到用毛线绕树叶一周，再测量毛线长度时，我适时表扬："他用到了'转化'的思想，把曲的线转化成直的线，能化曲为直，很不错。"这让学生体验到成功的喜悦，激发了其学习的兴趣。

2. 注重对学生进行有序的逻辑思维训练

苏霍姆林斯基曾经说过："学校的重要任务是培养具有好钻研的、创造性的、探索性的思维的人。"这就需要教师在课堂上对学生进行有序的逻辑思维训练。进行有序的逻辑思维训练能让学生发现多种数学现象之间的关系，抽象出事物的概念，培养学生的发散性思维，对学生的发展具有不可估量的作用。在这一点上，还有待进一步实践。

（湛江市第八小学　徐珠）

第四节

在欣赏中感悟数学

——以"图形的旋转"为例

一、教学设计

1. 设计思想

"图形的旋转"以启发式教学为主，旨在让学生成为积极主动获取知识的主体。课堂上采取小组合作的形式，让学生在学习中相互促进、相互督促。启发式教学注重培养学生的主动创造性，发展学生的数学思维，注重教给学生数学思考的方法。

2. 教学目标

（1）结合具体情境，从"定点""方向""角度"三个要素来观察和描述图形的旋转现象，初步认识旋转中心、旋转方向、旋转角度等基本要素；能在方格纸上画出绕线段的一个端点旋转90°后的线段。

（2）在动手操作的过程中，初步掌握画线段旋转后的图形的方法，增强空间观念，培养空间想象力和思维能力。

（3）在实践活动中，进一步感受旋转在生活中的应用，体会数学与实际生活的联系。

3. 教学重难点

教学重点：理解图形旋转的含义。

教学难点：在方格纸上将线段按顺时针或逆时针旋转90°，能画出旋转后的线段。

4. 学情分析

六年级的学生已经学习了轴对称和平移，初步感受了生活中的平移与旋转现象，对旋转有了初步的认识，具有了一定的变换思想。他们普遍具有求知欲高、模仿能力强、思维多依赖于具体直观形象的特点。因此，学生的数学学习活动应当是生动活泼的、主动的、富有个性的。

5. 教材分析

"图形的旋转"是北师大版小学数学六年级下册中的内容。图形的旋转是继轴对称、平移之后学习的另一种图形的基本变换，图形的变换是义务教育阶段数学课程中"空间与图形"领域的一个主要内容。"图形的旋转"的教学内容灵活丰富，符合六年级学生的年龄特点和已有的生活经验。

6. 教学模式与策略

本课采用智慧课堂教学模式，主要分为课前、课中、课后三大教学环节。

课前：根据学生已有的数学基础、认知发展特点和年龄特征，设计适合学生的教学活动。

课中：教学流程分为以下几个环节，创设游戏情境，引入新课—自主探究，小组交流—巩固练习—课堂总结。创设生动有趣的教学活动，并附带一定的教学任务，引导学生积极思考，把学生的自主探究与小组合作交流相结合，使学生相互促进。

课后：根据学生的练习情况，判断学生的学习效果，并随时答疑解惑。

7. 教学过程设计

表3-3 "图形的旋转"教学过程设计

教学环节		教师活动	学生活动	组织形式
环节1：创设游戏情境，引入新课	（一）互动游戏	1. 教师导入：（出示魔方）请同学们想一想，玩魔方最常用的操作是什么 2. 引出课题：在玩魔方的过程中，我们反复地旋转，这一节课我们就来研究"旋转"	旋转手中的魔方，初步感知旋转	通过创设学生感兴趣的生活情境，激发学生的学习兴趣，让学生以饱满的热情投入学习中。采用启发式教学，培养学生的语言表达能力及空间想象能力
	（二）联系生活	1. 提出问题：生活中，大家还见过哪些旋转现象 2. 课件演示旋转现象	寻找生活中的旋转现象	
环节2：自主探究，小组交流	（一）出示钟表	1. 认识运动方向：观察钟面，说说时针、分针、秒针是怎样旋转的 2. 认识按角度旋转：认识线段的旋转，理解旋转的含义 3. 小结：通过以上活动，想一想怎样才能把指针的旋转描述清楚，应该说哪些方面（初步感受旋转的三要素）	1. 观察钟表的指针从"12"到"1"是怎样旋转的。探究如果指针从"3"继续绕点O顺时针旋转90°，会指向几 2. 小组交流	充分利用多媒体进行直观教学，让学生加深对旋转含义的理解。此外，通过对实物的观察，使学生的知识体系得到完善，提高数学理解能力
	（二）欣赏生活中的旋转现象	1. 多媒体演示公路收费站横杆的旋转 2. 组织学生小组讨论 3. 总结旋转的三要素：定点、方向、角度	1. 观察横杆打开和关闭时的旋转过程 2. 小组讨论横杆打开和关闭这两次旋转运动的相同点和不同点	

（续表）

教学环节		教师活动	学生活动	组织形式
环节2：自主探究，小组交流	（三）线段的旋转	1. 提出问题：如果把指针看作一条线段，用AB来表示，想想看，线段能旋转吗 2. 在按要求画出旋转后的线段后，你觉得画的过程中要注意什么 3. 课件演示旋转后位置不同的两个线段	1. 自主思考教师提出的问题，并展示作品，说一说自己是怎么画的 2. 思考：为什么都是线段AB旋转后的线段，旋转的位置却不一样	作品展示为学生创造了获得成功体验的机会
环节3：巩固练习	（一）数学习题	1. 拨一拨，填一填 2. 练一练，结合具体生活情境体会旋转 3. 画一画 4. 做一做	1. 自主思考 2. 交流讨论 3. 检查校对	在不断的练习中巩固知识
	（二）课外拓展	引导学生思考时钟的旋转现象	思考：时针为什么要顺时针转	生活中一些很常见的现象常常存在着大学问，引导学生通过观察生活来领悟数学的魅力
	（三）图片欣赏	带领学生欣赏生活中旋转现象的运用，感悟数学之美	欣赏生活中美丽的旋转现象	让学生从数学的角度欣赏美丽的图案，感受数学之美
环节4：课堂总结		引导学生回顾反思：这节课你有什么收获	有条理地说出自己的收获，并提出自己的疑问	让学生说自己的收获，培养了学生的归纳概括能力和语言表达能力，同时为以后的教与学积累了经验

8. 练习设计

课前任务：留意生活中的旋转现象，并把它们记录下来，可采用图片、视频或画画的方式记录。教师挑选学生从生活中收集的各具特色的素材，在课堂上展示，丰富教学内容。对学生存在的误区，加以纠正。

9. 评价设计

将定性评价与定量评价相结合，注重学生的学习过程，鼓励学生积极、大胆发言。

主要采取师生评价、生生评价和自我评价的方式。教师对学生进行评价，有利于对课堂教学进行整体把握，灵活调整教学活动。生生评价主要体现在小组合作交流中。课后，学生针对自我认知需求的满足情况进行自我评价。

二、教学实际过程描述

本课教学旨在引导学生探索图形旋转的特征和性质，使学生能在方格纸上画出绕线段的一个端点旋转90°后的线段。

首先，以学生熟悉、喜爱的魔方导入。在玩魔方时，学生会反复旋转，利用这种现象引出本课的教学内容"图形的旋转"。紧接着，在学生初步认识了旋转现象之后，回归生活，谈生活中见过的旋转现象。

其次，出示钟表动画，引导学生观察钟面上时针、分针、秒针的旋转并尝试描述指针的旋转现象，初步感受旋转的三要素。此外，引导学生观察公路收费站横杆的旋转现象，明确旋转的三要素：定点、方向、角度。接着，深化到线段的旋转，让学生找出线段旋转后的位置，并画出来。教学环节层层深入、环环相扣，遵循了学生的认知规律。

最后，进行巩固练习。此环节又分为习题的巩固、知识的拓展和对生活中旋转现象的欣赏，旨在使学生带着欣赏的眼光去学习数学，感悟数学的美，从而培养学生学习数学的兴趣。

三、学生学习成果

其一，课前，对于教师布置的学习任务，大部分学生都能积极收集资料，按时完成并上交。

其二，课中的教学环节，以学生"自主探究—交流合作—小组总结"为主线展开。教师出示钟表，学生初步感知图形旋转的三要素；多媒体演示公路收费站横杆的旋转，学生自主描述旋转现象，明确旋转的三要素。能够用字母AB来表示线段，并能画出线段旋转后的位置，说明学生能从数学现象中抽象出事物的本质，抽象思维得到了一定程度的发展。

其三，巩固练习环节是对学生这节课学习成果的检测。大部分学生能够理解和掌握图形的旋转，能够独立画出图形旋转后的位置。

四、教学反思

1. 数学教学活动应注重创新，激发学生兴趣

数学新课标指出："数学教学活动，特别是课堂教学应激发学生兴趣，调动学生积极性，引发学生的数学思考，鼓励学生的创造性思维；要注重培养学生良好的数学学习习惯，使学生掌握恰当的数学学习方法。"在设计数学学习活动时，要注重创新，避免千篇一律，同时要注重趣味性和知识性。教学活动是为教学服务的，有趣的教学活动可以吸引学生的注意力，让学生主动参与到课堂教学中来，提高课堂效率。

2. 充分把握学情，体现学生的主体地位

教学是教师的教与学生的学相结合的活动，二者缺一不可。了解学情是教师必做的功课，只有把握了学情，才能设计出学生喜爱的课堂教学活动。要想充分把握学情，教师需要深入了解每一个学生，包括学生的认知发展情

况、年龄特征、已有知识基础和可达到的发展空间等。由于学生的智力发展速度不同，有的学生智力发展比较快，有的学生智力发展比较慢，这就需要教师的教学具有层次性，要因材施教，对学生不能做统一要求。比如，在本课教学中，部分学生还不能很好地画出旋转后的图形，面对这类学生我进行了有针对性的指导，充分体现了学生的主体地位。

3. 注重引领学生认识和体会数学之美

数学是一门蕴含深厚学问的学科，教学过程中，我努力让学生感受到数学的魅力，激发学生进一步学习数学的欲望。数学又是一门充满美感的学科，教学过程中，我努力让学生通过简单的图形变化去发现数学的美，让学生带着欣赏的眼光去发现数学的魅力。

（湛江市第八小学　赵秋海）

第四章

英语儒雅课堂教学模式及经典案例

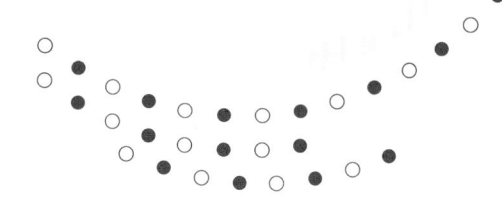

第一节

英语儒雅课堂教学模式

《义务教育英语课程标准（2011年版）》中指出："义务教育阶段英语课程的总目标是：通过英语学习使学生形成初步的综合语言运用能力，促进心智发展，提高综合人文素质。综合语言运用能力的形成建立在语言技能、语言知识、情感态度、学习策略和文化意识等方面整体发展的基础之上。"目前，英语课程教学的类型主要有新授课、巩固课、复习课、活动课等。在此，我们主要针对新授课对英语儒雅课堂教学模式进行阐述。

一、英语儒雅课堂教学模式概述

1. 基本理念

如今在英语教学中，教师"满堂灌"的方式显然已经不适用，以教师为中心的模式正在悄然转型。英语儒雅课堂教学模式以建构主义学习理论为基础，以学生为中心，教师主要充当课堂的组织者和指导者，主要任务是营造儒雅的学习环境，激发学生学习的积极性，使学生主动构建知识体系，最终实现知识的内化。英语儒雅课堂教学的核心是提高学生的综合语言运用能力，即培养学生的语言技能、语言知识、情感态度、学习策略和文化意识。这就要求教师注重学生核心素养的发展，关注学生的发展，提倡并强化综合性发展的学科观。儒雅教育与英语课堂教学的融合是中国教育发展的必然趋势，将儒雅文化渗透到课堂教学中去，构建英语儒雅课堂教学模式，需要每一位教师的努力。我们对儒雅教育进行了实践与反思，在英语课堂教学模式上已经取得了一定的成果。在此，主要以广大教师最为关注的新授课为例进行介绍。在英语儒雅课堂上，我们利用信息技术手段创设听、说、读、写的情境，通过别出心裁的学习资源与轻松有趣、参与度高的课堂互动，提高学生的听力、口语表达能力、阅读和写作水平，丰富教师的教学手段和途径，并以促进学生英语核心素养的发展、让儒雅教育渗透在英语教学的全过程为目标，提出以英语学科核心素养为中心的建构主义学习观。

2. 基本原则

（1）融合原则。

在教学设计与教学实施过程中有意识地将儒雅教育和传统课堂教学进行有机融合，让学生在愉悦的情感体验中学习英语，改善课堂教与学。

（2）情境原则。

根据学生的年龄特点、已有知识基础，创设有效的情境，将文本融入其中，让学生情不自禁地进入情境和角色中进行想象和创造，使课堂气氛更活跃。

（3）主体原则。

善于运用多种形式对文本进行再构，激发学生学习的积极性和主动性，促进课堂互动，使学生真正成为学习的主体。同时，在文本再构时还要注意情感教育，有意识地培养学生积极的情感，让学生学有所感、学有所悟。

二、英语儒雅课堂教学基本环节

英语儒雅课堂教学模式的核心是将儒雅教育和传统课堂教学有机融合，革新传统课堂教学的手段和形式，构建愉悦、高效的儒雅课堂教学模式。英语儒雅课堂教学基本环节的创新发展体现在教师的"教"与学生的"学"以及师生合作与生生合作中，并在课前、课中、课后不断改进的循环过程中完善。英语新授课儒雅课堂教学基本环节如图4-1所示。

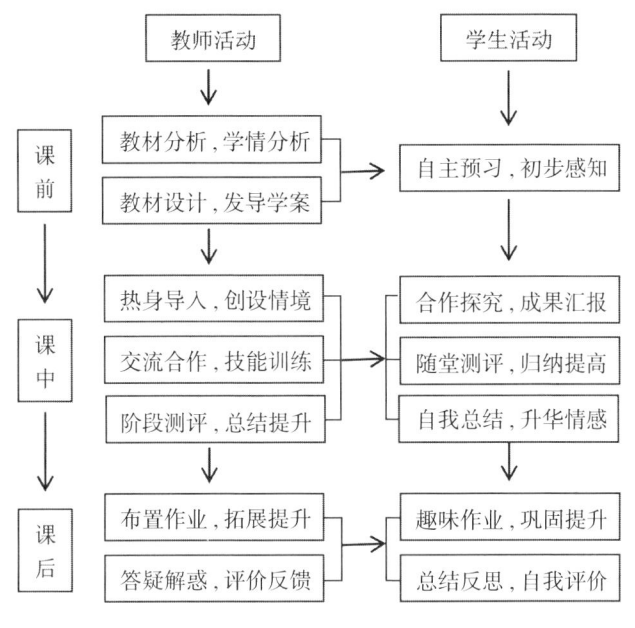

```
         教师活动              学生活动
            ↓                    ↓
课    教材分析、学情分析  →  自主预习、初步感知
前    教材设计、发导学案

课    热身导入、创设情境  →  合作探究、成果汇报
中    交流合作、技能训练  →  随堂测评、归纳提高
      阶段测评、总结提升  →  自我总结、升华情感

课    布置作业、拓展提升  →  趣味作业、巩固提升
后    答疑解惑、评价反馈  →  总结反思、自我评价
```

图4-1 英语新授课儒雅课堂教学基本环节

1. 课前

英语儒雅课堂教学要求教师在分析教材和学情的基础上，巧妙地运用各类教学资源，有意识地创设贴近学生生活实际的情境，激发学生学习英语的兴趣和积极性，帮助学生快速进入学习状态。

教材是教学的基础，教材内容是实现课程目标的重要载体。在培养学生核心素养的视角下，教师应该重视对教材内容的分析。好的教材分析建立在三个"读"上：一是通读整本教材，对教材有全面、总体的认识，了解教材的基本内容、知识体系、结构特点，尤其是各部分知识之间的内在联系和逻辑关系；二是细读每一部分，整体分析这部分在整本教材中所处的地位和所起的作用，包含哪些英语知识和技能培养要求；三是精读每一课，具体分析本课在本部分乃至整本教材中的地位和作用，分析本课的重难点，由此选择更合适的教学策略和教学方法，设计教学过程。

学生是教学的重要组成部分，全面地进行学情分析可以帮助教师更好地进行教学预设。学情分析包括对学生的年龄特点、学习态度、已有知识经验、学习能力、学习风格等的分析，教师只有了解了学生已经达到的发展水平，才能更准确地找到学生将来可能达到的发展水平。教师在此基础上设计导学案对学生的自主预习进行指导。这一步骤主要是为了培养学生的自主学习能力，让学生初步感知本课的教学内容，从而提高课堂教学的质量和效率。

2. 课中

首先，教师要引导学生进行课前热身，然后创设有效的情境导入新课。其次，与学生进行交流互动，针对学生的反馈，适当地对本课的重难点进行补充说明，同时进行相应的技能训练以巩固学生的听、说、读、写能力。最后，通过阶段测评检测学生的学习情况，并进行总结提升。

（1）热身导入，创设情境。

学习动机能引导、推动学生参与学习活动，激励学生向着学习目标前进、努力。学习动机直接制约着学生的学习积极性，决定着学生学习的方向，影响着学生的学习效果。教师要根据学情创设贴近学生生活实际、契合新知的有效情境，激发学生的学习动机，同时营造生动活泼的学习氛围，创造更多机会让学生参与其中，体现学生的主体地位。在英语教学中，教师可以尝试利用现代化手段创设童话情境，使学生主动进入情境去想象和创造。在这样的课堂中，学生的表现欲被激发，从被动接收者转变为主动学习者，在体验中形成了更加丰富的感知。

（2）合作探究，成果汇报。

合作学习是响应新课程改革中学习方式变革的重要一环，一般在同桌或小组间进行。分组是合作学习的前提，教师根据学生的个性特点、学习水平进行科学分组，使不同性格、不同学习水平的学生互助学习。在开展小组合作学习之前，教师需充分考虑学情以及教学重难点，设置合理、有价值的问题或任务；学生需进行角色分工，并选出组长。在合作学习中，教师主要发挥组织者和指导者的作用，适时点拨，调动学生学习的积极性；学生要在思考后积极参与讨论，有疑问及时请教教师，并针对讨论内容做好记录。在合作学习后，教师要组织学生汇报小组学习成果，其他学生进行提问或补充，教师充当裁判者的角色，进行点评总结。

（3）随堂测评，归纳提高。

学生对新知识与新技能的掌握情况是评价一堂课优劣程度的重要标准。教师在讲解知识点后，结合学生的年龄特点和教学内容，针对本课的教学重难点设计富有趣味性的、贴合学生生活实际的练习，调动学生学习的积极性，激活学生的思维，让学生在练习中巩固新知，了解自己对知识和技能的掌握情况，做学习的主人。同时，教师还可以通过学生在练习检测中的表现，了解学生的薄弱之处，适时调整教学方法，针对出现的问题再次进行补充说明，帮助学生更好地掌握新知。

（4）自我总结，升华情感。

苏霍姆林斯基曾说，只有关注情感上的学习才能描绘出人类认知的性能和局限。注重情感教育也是儒雅教育的特点之一。教师在设计教学时，要关注情感的内涵重构，找到切入点，将积极的情感交流潜移默化地融入文本中，落实到课堂教学中，如可以利用图片、动画、视频等现代教学手段创设情境引起学生的共鸣，培养学生的积极情感，激发学生的求知欲和探索精神，促进学生健全人格的形成。另外，情感教育能将课内的教学内容延伸到课外，对学生具有重大的教育意义。

3. 课后

教师根据教学重难点以及学生的课堂表现、检测练习的反馈情况，布置开放性的作业，主要起到巩固新知、拓展延伸的作用。学生可以在完成教师布置的作业的同时，及时对所学内容进行总结，通过家长微信群发表感想、提出疑问，与同学、教师进行讨论交流。教师及时为学生答疑解惑，根据学生的反馈、提问以及课后作业完成情况进行评价，指导学生后续的学习方向。学生根据教师的评价进行反思，完善知识体系。此外，教师在课后还要有意识地引导学生进行课外的拓展学习。

三、英语儒雅课堂教学注意事项

1. 建立新型师生关系，培养儒雅学子

儒雅课堂教学模式要求教师和学生之间通过交流互动，做到互相理解，实现精神世界的交往。教师作为学生学习与发展的指导者和促进者、课程的建设者和开发者，不仅要向学生传授知识，还要促进学生的身心发展、道德品质发展。课前，教师在分析教材和学情的基础上设计教案，制作并下发导学案，引导学生自主预习新知识，初步感知新内容；课中，教师为学生创设有效的情境，设置有价值的问题或任务，让学生进行小组合作学习，鼓励学生积极思考、积极参与讨论，组织学生进行学习成果汇报并给予点评；课后，通过布置作业，促使学生巩固新知，引导学生进行归纳总结，并进行相关知识的拓展延伸学习。在学习过程中，教师与学生应当进行平等对话，教师让学生多讲，自己适时点拨即可。教师要有意识地在教学过程中渗透文化教育和情感教育，努力培养儒雅学子。

2. 突出儒雅教育的特点，提高教学质量

（1）渗透性。

儒雅教育的渗透性是指在教育过程中，教育者通过各种有效途径，将儒雅文化渗透到教学中，使受教育者潜移默化地理解、认可儒雅文化的内容并将其转化为自己的理念，从而在实践中灵活运用的特性。一方面，

教师自身要具有一定的儒雅气质和文化积淀，在教学中起到言传身教的作用；另一方面，教师在教学中要采取多样的教学手段、教学方法，在激发学生学习兴趣的同时，引导学生认可儒雅文化，让学生在儒雅文化的熏陶下，自觉地将教育内容内化为自己的情感。

（2）愉悦性。

儒雅教育是令人愉悦的，学生在宽松的氛围中更容易进入学习情境，更愿意主动参与学习，接受儒雅文化的积极影响。在儒雅教育的课堂上，教师利用自身的语言魅力与现代化信息手段，通过启发和引导，帮助学生构建知识框架；通过多种形式，如编写儿歌、角色扮演、小组活动等促进生生合作、师生互动，让学生成为学习的主体，引发学生的主动思考。学生在愉快的情感体验中主动接受教育，既不容易产生逆反心理，又有利于培养核心素养。

（3）持久性。

儒雅教育遵循人的思想和心理发展的一般规律，引领学生经历由不知到知、由知之不多到知之甚多的量变积累过程。在英语儒雅课堂教学中，教师在进行文本重构时，不仅要对教材内容进行重构，还要根据学生的实际情况进行教学方法以及教学过程的重构，设置具有开放性和评判性的问题，引导学生思考，促使学生自觉、主动地获取知识。这种通过自身内化的理论知识与通过思考、交流培养的创造性思维，能够在学生的头脑中长期保留下去，并在今后的实践中不断发展。

第二节

培养学习兴趣的妙招

——以"My family"为例

一、教学设计

1. 设计思想

本课的教学内容是人教版小学英语三年级下册第二单元My family中的Let's spell，是一节单纯的语音课。学生在三年级上学期已经学习了26个字母及相关例词，初步了解了5个元音字母及21个辅音字母在单词中的读音，所以本课教学主要分为语音教学和字母书写两大部分。教学重点是让学生通过仔细读单词，以及观察、感知和体验，自己归纳总结出元音字母e的发音规律，从而获得成就感，提升自主学习能力。

2. 教学目标

（1）能通过学习归纳总结出字母e在单词中发短音[e]的发音规则；能够读出符合-e-结构，发短音[e]规则的单词；初步掌握单词ten，pen，leg，red的书写。

（2）能通过拆音、拼音和分类等训练活动，进行发现式学习，观察、感知、体验并归纳出发音规则；能够读出符合-e-结构、发短音[e]的单词，并尝试进行绘本阅读，提高阅读能力。

（3）培养浓厚的学习兴趣、积极参与的学习态度，并能形成自主思考和小组合作的意识。

3. 教学重难点

教学重点：能掌握字母e在单词中发短音[e]的发音规则；能初步掌握单词ten，pen，leg，red的书写。

教学难点：能根据发音规则，拼读出符合-e-结构的单词。

4. 学情分析

本课的授课对象是小学三年级的学生，他们正初步尝试记忆和拼读单词，现阶段让学生系统接触自然拼读，掌握拼读规则，能帮助他们正确发音、有效地拓展词汇量并记忆单词。

三年级的学生活泼好动，教师在课堂上要多安排好玩的绘本、音频，多组织有趣的游戏和活动，激发学生的学习热情，培养学生的学习兴趣。

5. 教材分析

本课学习的内容为人教版小学英语三年级下册第二单元My family中的Let's spell，重点是引导学生学习如何运用字母e的发音规则进行拼读以及独立阅读，学习有序地进行拆音、拼音等操练活动。在学习本课时，教师要有意识地引导学生进行发现式学习，让学生尝试通过自己的观察归纳出字母e在单词中发短音[e]的发音规则，激发学生的学习热情，培养学生积极参与的学习态度。

6. 教学模式与策略

在教学过程中，教师采用丰富有趣的方法和手段，如唱英文歌、模仿拼读、比赛练习等，引导学生反复感受字母e的发音，引导学生通过自主观察，归纳总结出字母e的发音规则，逐步掌握拼读符合发音规则的单词的技巧，培养看词能读、听音能写的能力，学会科学记忆单词的方法。

课前：教师设计并下发导学案，明确指出本课的教学目标、教学重难点，指导学生进行自主学习和预习，练习跟唱英文字母歌*Phonics Song*，拼读学过的单词和句子。

课中：教师根据学生的跟唱和拼读情况，适时调整讲解内容，引导学生通过小组合作总结出字母e的发音规则，通过比赛巩固所学内容。

课后：学生通过课堂学习以及完成趣味作业，掌握字母e的发音规则、拼读符合发音规则的单词的技巧，提高看词能读、听音能写的能力，掌握科学记忆单词的方法。

7. 教学过程设计

表4-1　"My family"教学过程设计

教学环节	教师活动	学生活动	设计意图
Step 1：Warming up and revision	Greeting	向教师问好	利用问候拉近与学生的距离
	Sing *Phonics Song*	共唱英文字母歌	通过歌曲缓解学生的紧张情绪，同时复习a，b，c，d的phonics，并从歌曲引入字母e发[e]音的学习，为下面的学习活动做铺垫
Step 2：Presentation	The teacher introduces herself. My name is Betty. I like elephants.I eat an egg every day. I have a red pen.My legs are long	初步感知字母e的发音	通过创设有趣的情境引出pen，leg，red的教学，并引导学生初步感知字母e的发音
	Listen and imitate page 16	拼读课本第16页的单词	检测学生读单词的准确度
	Read some new words in a little group: red—bed—med ten—pen—hen desk—best—test well—felt—help	学生小组合作读出更多字母e发短音[e]的单词	引导学生通过小组合作读出更多字母e发短音[e]的单词，总结出字母e的发音规则，培养学生的合作精神和自主学习能力

（续表）

教学环节	教师活动	学生活动	设计意图
Step 3: Practice	Competition: 比一比哪组最快读完一组单词	学生比赛"开火车"读单词，锻炼看词能读的能力	通过比赛培养学生看词能读的能力，以达到在操练运用中掌握巩固知识的目的，并通过"开火车"读单词的比赛方式，扩大操练范围
	Let's chant	学生听歌，跟着节奏唱歌	让学生通过听歌谣感受歌谣中含字母e的单词的发音，然后跟着节奏唱歌，加深对字母e发[e]音的印象
	Finish the exercises on the book	完成练习	让学生通过练习巩固所学知识
	Listen and write: He is ten years old. He has a pen. It's red. His legs are long.	进行听写练习	以听促写，并让学生在情境中运用新词，注重新词的语用
	Enjoy the story *The egg and the elephant*: （1）Try to read the story （2）Read the story in a little group and act out the story	小组共读绘本故事	引导学生在小组里尝试进行绘本阅读，让学生在故事中巩固字母e的发音并提高阅读能力，同时培养学生的合作能力和合作意识
Step 4: Summary	1.字母e在单词中的发音规则 2. New words: ten, pen, leg, red	学生做好相关笔记	通过对本课知识点的总结，帮助学生巩固本课所学知识
Step 5: Homework	1.Read after the tape of page16 and copy the word, twice each 2. Act out the story with your friends	学生积极完成作业	让学生通过朗读巩固所学内容；通过有趣的角色扮演，锻炼理解能力和表演能力

板书设计：

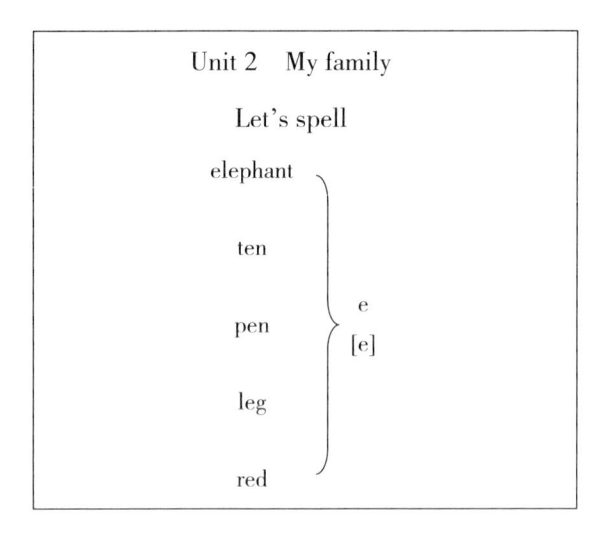

```
                Unit 2    My family
                  Let's spell
            elephant  ⎫
                     ⎪
               ten   ⎪
                     ⎬  e
               pen   ⎪ [e]
                     ⎪
               leg   ⎪
                     ⎪
               red   ⎭
```

8. 课后练习设计

（1）你能正确读出下列单词和句子吗？

　　　egg　elephant　leg　seven　ten　red

　　　I have a pen. I like eggs. This is an elephant.

（2）你能把下列单词抄写在四线三格上吗？

　　　egg　leg　ten　red　pen

（3）合作探究，试着找出下列单词的共同点。

　　　egg　elephant　leg　seven　ten　red　pen

（4）尝试根据单词的发音给下列单词分类（提示：可分成两类）。

　　　she　leg　he　red　pen　me

（5）尝试用下列单词介绍自己。

　　　egg　elephant　leg　seven　ten　red

9. 评价设计

课前：教师下发导学案，指导学生进行自主学习和预习，根据学生完成导学案的情况，初步了解和评价学生对预习内容的掌握情况。

课中：教师根据学生的跟唱和拼读情况，适时调整教学内容，并通过比赛来评价学生的知识掌握情况。

课后：布置趣味作业，评价学生看词能读、听音能写的能力。

二、教学实际过程描述

本课采用儒雅教学模式，创设有效情境，开展学生喜爱的活动，鼓励学生自主学习，引导学生进行发现式学习、小组合作学习。

课前：教师设计并下发导学案，指导学生进行自主学习和预习。学生根据导学案进行预习并完成相关练习，如练习跟唱英文字母歌 Phonics Song 以及拼读学过的单词和句子，为学习新课做好准备。

课中主要包括以下三个环节：

首先，教师通过自我介绍创设有趣的情境，引出 pen，leg，red 的教学，并引导学生初步感知字母 e 的发音。通过让学生拼读教材中的单词检测其拼读的准确性，适时调整教学内容。

其次，学生小组合作读出更多字母 e 发短音 [e] 的单词，尝试总结出 e 的发音规则；通过比赛锻炼看词能读的能力；通过听歌、唱歌加深对字母 e 发 [e] 音的印象；通过听写学会在情境中运用新词。

最后，学生在小组里尝试进行绘本阅读，在故事中巩固字母 e 的发音，提高阅读应用能力；教师进行课堂总结。

课后：教师布置朗读和演一演的趣味作业，帮助学生进一步加深对字母 e 发音规则的理解，使学生掌握拼读符合字母 e 发音规则的单词的技巧，提高看词能读的能力、听音能写的能力以及表演能力。

三、学生学习成果

课前，学生能够依据导学案较顺利地完成预习任务，为学习新内容做好准备。课中，在自主学习和小组合作学习方面，学生能够紧跟教师的脚步，积极参与课堂活动，通过自己的观察发现字母e在单词中发短音[e]的发音规则，通过小组合作巩固符合-e-结构的单词中e的发音。课后，对于演一演的作业形式学生很喜欢，积极完成并踊跃报名进行展示。

四、教学反思

本课主要学习字母e在单词中发短音[e]的发音规则。

本节语音课以培养学生见词能读、听音能写的能力为教学目标，创设了让学生了解教师及其朋友的情境，并融入了游戏、唱歌、听力练习、阅读绘本等学生喜爱的活动，通过这些活动引导学生进行发现式学习、有梯度的自主学习，拓展了学生的思维。此外，以小组为单位进行活动，培养了学生的合作意识，使学生在轻松愉快的氛围中通过观察、感知，归纳出字母e发短音[e]的发音规则，真正成为学习的主人。最后利用绘本进行拓展学习，引导学生以小组合作的形式尝试阅读绘本、表演绘本，提高了学生的阅读能力和表演能力。

1. 注重以旧引新，有梯度地教学

本课以一首英文字母歌拉开了序幕，既活跃了课堂气氛，调动了学生学习的积极性，又带领学生复习了26个字母的发音，为新课的学习做好了充分的准备。之后通过单词拼读练习、唱歌和阅读故事等多种学生喜爱的活动，帮助学生在实际运用中熟练掌握了字母e发短音[e]的发音规则和拼读出符合发音规则的单词的方法，培养了他们对语音学习和阅读的兴趣。本

课设计的所有活动都有一定的梯度，音、词、句、篇，层层深入，让学生在练习中收获了成功。

2. 创设有趣的情境，激发学生的学习兴趣

小学是学生学习英语的启蒙阶段，从一开始就要有意识地培养学生学习英语的兴趣。英语学习的方法可以说多不胜数，根据建构主义学习理论，英语教学要注意以下几点：一是在课堂上要对学习氛围进行渲染；二是要增强学生的互动交流，让学生爱上英语课；三是教授基础理论学习方法。基于此，在本节课教学中，我让学生以了解教师及其朋友为情境主线，首先通过一些图片让学生猜测教师的兴趣爱好，激发学生的兴趣；再通过介绍教师的朋友来引出听力文本，进行字母e发短音[e]的发音规则教学；最后通过介绍朋友有一颗神奇的鸡蛋引出绘本的故事内容，深化学生的学习。

3. 注重培养学生自主探究和小组合作的学习能力

指导学生通过观察、感知和合作探究，自主归纳出字母e发短音[e]的发音规则，同时引导学生利用发音规则来拼读单词，让学生能做到见词能读、听音能写。在一些难度相对比较大的活动中，如绘本阅读环节，我鼓励学生小组合作、共同探讨、相互学习、合作解决问题，减轻了学生学习英语的难度。

本课也存在着许多遗憾和不足之处：①由于对学情了解不够充分，以致各教学环节的时间分配不理想，出现了前松后紧的情况；②缺少单词语音的拆分拼读环节；③要继续学习，增强个人专业素养，让课堂更精彩。

（湛江市第八小学　杨浪萍）

第三节

探索活跃课堂的秘诀

——以 "Dinner's ready" 为例

一、教学设计

1. 设计思想

建构主义学习理论认为，学习本身是一个认知发展的过程，新知识的学习总是建立在学习者已有知识的基础之上，并由学习者主动对新知识进行同化和顺应，重建原有知识，形成新的知识结构体系。本课采用儒雅课堂教学模式，以灵活多样的教学方法帮助学生将新知识与旧知识联系起来，让学生在真实的情境中应用英语知识，提高学生的课堂参与度，使课堂气氛更活跃。此外，自由讨论以及自由提问还能发展学生的语言表达能力、语言综合运用能力，帮助学生完善知识体系。

2. 教学目标

（1）理解Let's talk中对话的大意，学会在情境中运用句型"What would you like（for...）？""I'd like (I would like) some..., please."征求并表达用餐意愿。

（2）能够正确运用句型"Dinner's ready"。

（3）了解中西方饮食文化的差异，学会均衡饮食，不暴饮暴食。

3. 教学重难点

教学重点：在情境中运用句型"What would you like（for...）？""I'd

like (I would like) some..., please."。

教学难点：能够正确读单词vegetables，理解"What's for dinner? Dinner's ready!"。

4. 学情分析

四年级的学生好动、好胜、爱面子、思维活跃、表现欲旺盛，但注意力不持久。通过三年的英语学习，大多数学生已经掌握了一些关于食物的词汇和句型，也已经具备了一定的英语基础，初步掌握了运用所学英语知识进行交际的能力，懂得举一反三，对学习英语有浓厚的兴趣。因此，在设计本课的教学活动时，根据现阶段学生的生理和心理特点，采用灵活多样的教学方法来吸引学生的注意力，激发他们的学习兴趣，给予学生更多的表现机会，让他们成为课堂的主人。

5. 教材分析

本单元围绕食物和餐具这类话题进行学习、讨论以及交际训练。本课是人教版小学英语四年级上册中的内容，主要是学习如何征求并表达用餐意愿，如"What would you like（for...）？""I'd like（I would like）some...，please."，并能恰当运用，以此来发展学生的语言表达能力，进一步培养学生的语言综合运用能力。

6. 教学模式与策略

教师利用语言、动作、图片、实物、音频、视频等，创设真实的生活情境，帮助学生感知、理解、运用英语知识。本课旨在培养学生的语言表达能力，让学生学会在情境中运用相关句型进行问答。在教学时，教师要创造机会、创设情境，让学生多说多练，以练代教，使学生在反复的练习和应用中，加深对知识的理解，从而更好地将新旧知识联系起来；采用启发式教学，培养学生的想象力与逻辑思维，引导学生进行自主建构；灵活采用各种教学方法，把听、说、读等自然融合，调动学生进行语言表达的积极性。

通过自由谈话和播放相关视频，激发学生的表达欲望，复习旧知，引出新授课的核心句型。

课前：通过师生自由对话、观看视频，复习旧知，引出新知，激发学生的表达欲望。引导学生通过课文标题猜想本课的学习内容，发散学生的思维，使学生主动地去阅读、探索课文内容。

课中：技能训练，情境体验。学生通过听音选择、观看动画、自由讨论、听音模仿等形式进行反复练习，运用核心句型。教师创设情境，让学生在有趣的配音表演中巩固所学知识，活跃课堂气氛。在自由讨论环节，教师引导学生认识中西方饮食文化的差异，培养学生合理搭配食物的意识。

课后：布置作业，促使学生对本课学习内容进行巩固、总结，教师根据作业反馈了解学生对知识的掌握情况，并给予评价和指导。

7. 教学过程设计

表4-2 "Dinner's ready" 教学过程设计

教学环节	教师活动	学生活动	组织形式	设计意图
Step 1： 知识感知	1. Free talk 2. Ask and answer 3. Show the title T: Look at this title, do you have any questions about this title?	1. Free talk 2. Watch the video 3. Think and say S: Whose dinner? Where are they? Who cooks dinner? What's for dinner?	自由交谈，观看视频，小组讨论	1. 自由交谈能拉近师生间的距离，同时激发学生的表达欲望 2. 观看视频，激发学生的学习兴趣，引导学生复习有关食物的词汇，感知核心句型 3. 小组讨论，让学生看着课文标题猜测所学内容，发散学生的思维

第四章　英语儒雅课堂教学模式及经典案例

（续表）

教学环节	教师活动	学生活动	组织形式	设计意图
Step 2： 知识讲解， 技能训练	1. Show the picture 2. Listen and check 3. Ask and answer 4. Look and predict 5. Read and choose	1. Look and guess 2. Listen and circle 3. Look and say 4. Think and discuss 5. Read and choose	听音选择， 观看动画， 自由讨论， 听音模仿	1．看图猜测Mike的晚餐，培养学生的想象力与逻辑思维 2．自由讨论，激发学生的潜能
Step 3： 情境体验	1.Listen and imitate 2.Show the picture T：Look at this title，do you have any questions about this picture? 3.Group work 4.Role play	1. Listen and follow 2. Discuss and ask S：How many people are there in the family? S：What would the dog like for dinner? … 3.Ask and answer 4.Show time	自由讨论， 自由提问， 配音表演	1．对学生的语音、语调、连读进行指导，指导朗读技巧 2．引导学生自由提问，挖掘文本，发散学生的思维，渗透中西方饮食文化的差异 3．角色扮演，帮助学生理解并掌握文本内容。通过评价鼓励学生大胆展示自我
Step 4： 自主构建	1.Make a survey 2.Fill the blank 3.Sum up	1.Make a survey 2.Make a new dialogue 3.Think and say	问卷调查， 改编对话， 看题回答	Make a new dialogue是拓展环节，有助于培养学生的创新精神

板书设计：

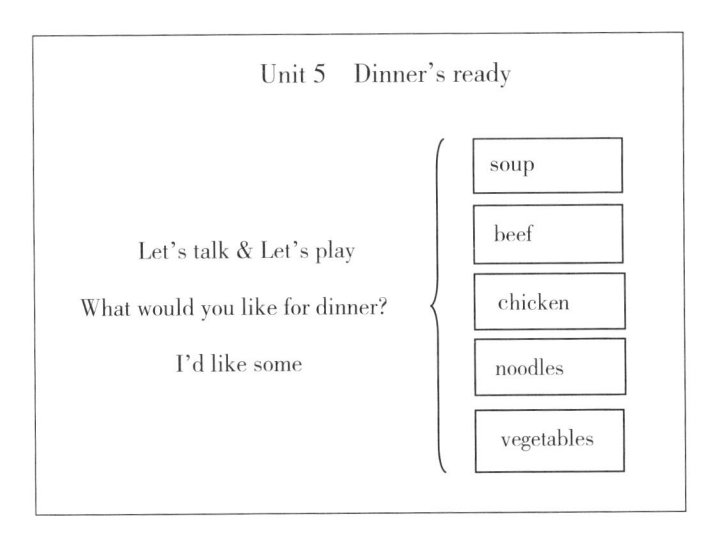

```
              Unit 5   Dinner's ready

                                        ┌─ soup
                                        │
                                        ├─ beef
         Let's talk & Let's play        │
    What would you like for dinner?     ├─ chicken
              I'd like some             │
                                        ├─ noodles
                                        │
                                        └─ vegetables
```

103

8. 评价设计

课前：下发导学案，通过让学生看课文标题猜测所学内容，通过学生完成导学案的情况，了解学生的预习情况，进行有针对性的教学。

课中：通过图片、录音、阅读材料、配音表演，帮助学生反复练习核心句型，对学生朗读的语音、语调进行评价、指导；引导学生自由提问，挖掘文本价值，进行过程性评价。

课后：教师布置作业，让学生总结本课所学内容，以此了解学生对核心句型的掌握情况。

二、教学实际过程描述

本课采用儒雅课堂教学模式，通过视频创设有效情境，鼓励学生大胆地使用英语，自信地说英语。教师有意识地创造条件引导学生通过体验、合作探究等方式自主发现问题、提出问题、解决问题，发展学生听、说、读的综合能力。

课前：教师设计并下发导学案，指导学生进行新课预习。看课文标题猜测课文内容这一设计旨在发散学生的思维，使学生初步感知课文内容。

课中主要包括以下三个环节：

首先，教师通过图片展示、听音检测进行相应的知识讲解，通过看图回答、小组讨论、听音模仿对学生进行技能训练，培养学生的想象力和逻辑思维，巩固学生对核心句型的掌握程度。

接着，教师创设情境，通过朗读、配音表演使学生理解并掌握所学内容；对学生的语音、语调、连读进行技巧指导；在教学过程中渗透中西方饮食文化的差异，引导学生形成合理搭配食物的意识。

最后，设置问卷调查、改编对话等开放性作业，引导学生进一步完善知识结构，培养学生的创新思维。

三、学生学习成果

课前：学生能够依据导学案进行自主预习，围绕课文标题合理猜测教学内容。

课中：学生在自由交谈及小组讨论环节积极发言；在朗读和配音表演中反复练习核心句型；通过完成问卷调查、改编对话，掌握核心句型并进行运用。

课后：通过作业总结所学内容，进一步掌握核心句型，作业反馈情况良好。

四、教学反思

本课教学基本实现了教学目标，课堂气氛活跃，学生参与热情高涨，基本掌握了核心句型并能正确、灵活使用。

本课主要有以下三大亮点：①创设各种情境，鼓励学生大胆地使用英语，自信地说英语；②鼓励学生通过体验、实践、合作、探究等方式发展听、说、读的综合能力；③创造条件让学生深入文本，提出问题，并自主解决问题，发散思维。但是本课发展学生听、说、读的综合能力时忽略了"写"，在今后的教学及导学案的设计上需注意。

其中，课堂活跃的秘诀在于以下几点：①教学预设具有开放性，教学时能根据学生的课堂表现及时做出调整；②教学方法丰富多样，看图回答、小组讨论、听音模仿等活动避免了机械的、枯燥的反复练习，激发了学生的参与热情；③合理设置具有一定挑战性的练习，促使学生积极思考、合作学习。

附：

导学案

1. Do you have any questions about this title? （看到这个标题你想了解什么？）

小组讨论。

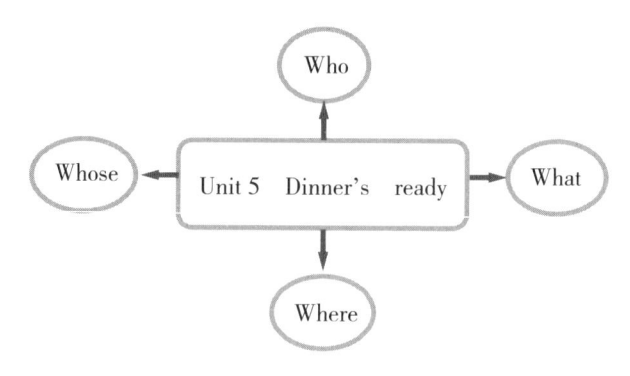

```
        ┌─────┐
        │ Who │
        └─────┘
           ↑
┌───────┐  │  ┌──────────────────────┐  ┌──────┐
│ Whose │←─┼─→│ Unit 5  Dinner's ready│←→│ What │
└───────┘     └──────────────────────┘  └──────┘
           │
           ↓
        ┌───────┐
        │ Where │
        └───────┘
```

_____

_____

2. Listen and circle & Watch and circle. （听录音圈一圈&看动画圈一圈）

（1）What would Mike like for dinner?

（2）What would Mike's dad like for dinner?

3. Read and choose. （阅读并选择合适的句子，填序号）

Mike: Mum, I'm hungry. What's for dinner?

Mum: What would you like?　　　　A. What would you like for dinner?

Mike: _____　　　　　B. Some fish and vegetables, please.

Mum: _____　　　　　C. Dinner's ready!

Dad: _____　　　　　D. I'd like some soup and bread, please.

Mum: _____

Dad & Mike: Thanks!

4. Do you have any questions about this picture?（看到这幅图，你想到了什么问题？）

小组讨论，然后提出问题。

_____

_____

5. Make a report.（问卷调查）

name	fish	vegetables	rice	bread	juice	soup	others

6. 改编第3题的对话。

Mike: Mum, I'm hungry. _____

Mum: What would you like?

Mike: I'd like some _____

Mum: _____

Dad: _____

Mum: _____

Dad & Mike: Thanks!

（湛江市第八小学　尤浪帆）

第四节

展现儒雅课堂的魅力

——以"Ways to go to school"为例

一、教学设计

1. 设计思想

本课为听说教学课,且教学内容与学生生活联系紧密。根据建构主义学习理论以及生活教育理论,教师在教学中应紧密联系学生的生活实际创设有效情境,帮助学生在真实的情境中训练英语听、说的能力,理解英语的价值,提高语言运用的能力。本课围绕学生语言核心素养的培养,通过创设各种情境,帮助学生正确运用相关句型,建立起注意安全、遵守交通规则的意识。

2. 教学目标

(1)能听、说、认读单词和词组:helmet, must, cousin, pay attention to, traffic lights。

(2)能正确听、说、认读以下句子并能在实际情境中正确使用。

Slow down and stop at a yellow light.

Stop and wait at a red light.

Go at a green light.

In the USA people on bikes must wear a helmet.

Don't go at the red light!

I must pay attention to the traffic lights!

（3）能在情境中正确运用句型"Don't ..., I/You must..."谈论交通规则。

（4）形成"安全出行，遵守交通规则"的意识；能够辨别一些常见的交通标志，了解中国与外国在交通规则上的异同。

（5）知道中外（英国与中国）驾驶习惯的差异。

3. 教学重难点

教学重点：形成"安全出行，遵守交通规则"的意识；能用"I/You must..."和"Don't..."表达要遵守的交通规则。

教学难点：如何给出安全出行建议；自主构建安全出行的概念。

4. 学情分析

六年级的学生已经掌握了一定的词汇、句型，且已经学习了如何用英语问路，知道交通灯的作用和规则以及交通方式的基本表达方法。然而，对于一部分交通规则和交通标志，学生虽然有一定的了解，但是不知道如何用英语进行表达。因而在本课中，要创设情境让学生多说多练，提高学生的语言表达能力和口语水平，并通过观看交通出行的视频等，让学生建立keep safe的概念，培养学生出行注意交通安全的意识。

5. 教材分析

本课是人教版小学英语六年级上册中的内容。本单元以"交通工具和交通方式"为主题，旨在让学生掌握一些常用的交通工具以及交通方式。前两节课，教学的主要内容为A部分，主要是让学生掌握如何谈论出行的方式。本课主要内容为B部分中的Let's try，Let's talk，Let's learn。本课将在上两节课的基础上结合学生的生活实际，帮助学生构建Don't go at the red light和keep safe的概念。围绕keep safe这个概念，让学生自主找到"How to keep safe"的答案"Obey the traffic rules"。

6. 教学模式与策略

本课围绕提高学生语言表达能力和口语水平这一目标，运用儒雅课堂教学模式展开教学。

课前：教师以自由交谈的方式导入，以提问的形式引导学生复习旧知，运用学过的有关交通方式的知识回答问题，为接下来的课堂学习打下基础。

课中：教师创设有效情境，引导学生通过看、听、读获取相关信息并尝试用英语进行表达，反复重现核心句式；播放录音进行发音指导；通过角色扮演、配音游戏、生生对话训练学生的英语口语能力。

课后：教师为学生准备相关视频，要求学生观看并谈谈自己的感想，进行情感教育。

7. 教学过程设计

表4-3 "Ways to go to school"教学过程设计

教学环节	教师活动	学生活动	设计意图
Step 1：Warm-up	Free talk 相互问候，提出问题：Do you know how did Miss Xie come here today? 引导学生回答各种交通方式	联系旧知，结合生活实际回答教师的问题	通过问候拉近师生间的距离，营造轻松的课堂氛围；创设情境，引出关于交通方式的表达
Step 2：Leading in	Listen and guess 听交通工具的声音：Car, bike, motorbike, ship, train, plane	仔细听录音，回答相应的交通工具	通过播放交通工具的声音，激发学生回忆已有的关于交通工具的知识，带领学生复习上节课学习的词汇，为接下来的学习打好基础

（续表）

教学环节	教师活动	学生活动	设计意图
Step 3: Presentation and practice	1. Let's try. 播放录音，展示图片，板书关键词Keep safe 2. Let's talk. 呈现图片，播放录音，鼓励学生积极发言，开口表达 3. Let's learn. 利用课件出示问题：Pay attention to the traffic lights. What must I do? 展示教材中这部分内容的图片让学生说出短语，并进行发音指导	1. 积极参与师生互动，开口表达 2. 课件依次出现红、黄、绿灯时，说出对应的做法	1.逐渐过渡，从如何安全乘坐公共汽车的故事引出主人公Wu Yifan去医院看望生病的爷爷的过程 2. 引导学生通过听、读课文前两句，获取Wu Yifan要去的地方和乘坐交通工具的信息 3. 引导学生重复核心句，使学生提高安全意识
Step 4: Consolidation	Task 1：Look and choose.（原语篇填空） Task 2：Listen and imitate.（一句一句听并模仿） Task 3：Let's read together.（原文标注升降调）教师进行发音指导 Task 4：Role play.（小组合作，角色扮演） Task 5：Dub the cartoon.（学生配音）	1. 学生读选中的选项 2. 仔细听录音并模仿 3. 做好升降调记录 4. 进行角色扮演 5. 配音游戏	1. Task 1、2考查学生对文本的熟悉程度以及听力水平 2. Task 3利用标注法和范读法指导学生的发音，提高学生发音的准确度 3. Task 4、5通过角色扮演、配音游戏提高学生的表演能力、语言表达能力，使学生能熟练运用核心句型
Step 5: Extension	Task 1：师生示范对话，生生对话。对话围绕suggestion，即交通建议进行。教学过程中引导学生注意交通安全 Task 2：展示并讲解交通标志，再次强调本课核心词：keep safe	1. 围绕交通建议进行生生对话 2. 认识交通标志	1. 训练学生的英语口语能力 2. 让学生认识更多的交通标志，了解更多的交通规则及中英文化的差异
Step 6: Sum-up	引导学生总结本课学习内容	回顾本课所学内容	总结本课学习内容能帮助学生厘清思路、巩固所学内容
Step 7: Homework	Watch a video and then discuss in groups what do we learn from the video	仔细观看，认真思考	升华情感教育

板书设计：

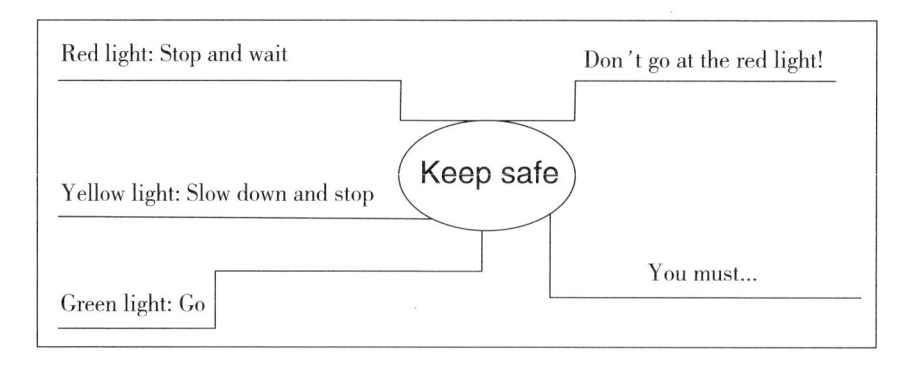

```
Red light: Stop and wait                Don't go at the red light!

                        ┌─────────────┐
Yellow light: Slow down and stop  │ Keep safe │
                        └─────────────┘
                                              You must...
Green light: Go
```

8. 练习设计

课前：看图说话。

Ways to go to school

课中：

Step 3：Presentation and practice

（1）Let's try：Today Mrs Smith and her students are going to the nature park.Do you know how can they get there? Guess!

（2）Let's talk：How does Wu Yifan go to the Fuxing Hospital?

（3）Let's learn：Pay attention to the traffic lights. What must I do?

Step 4：Consolidation

Task 1：Look and choose.（原语篇挖空选句子，教师读已有文本，学生读自己选中的选项）

Wu Yifan: Mr Jones, _____

Mr Jones: Take the No.57 bus over there.

Wu Yifan: Thanks.Wow! _____

Mr Jones: They're from my cousin in the USA.

Wu Yifan: What's this?

Mr Jones: A helmet. _____

Wu Yifan: I see.Oh, the bus is coming! Bye, Mr Jones.

Mr Jones: Hey, _____

Wu Yifan: Oh, right! Thanks. _____

A. So many pictures of bikes!

B. I must pay attention to the traffic lights!

C. How can I get to the Fuxing Hospital?

D. In the USA people on bikes must wear one.

E. Don't go at the red light!

Task 2：Let's read together.（原文标注升降调）

Wu Yifan: Mr Jones↘, how can I get to the Fuxing↗ Hospital?

Mr Jones: Take the No.57↗ bus over there↘.

Wu Yifan: Thanks↘. Wow↗! So many pictures of bikes↗!

Mr Jones: They're from my cousin↘ in the USA.

Wu Yifan: What's this↘?

Mr Jones: A helmet↘.In the USA people on bikes↘ must wear one↘.

Wu Yifan: I see↘. Oh↗, the bus is coming↘! Bye. Mr Jones.

Mr Jones: Hey, don't go at the red↗ light↘!

Wu Yifan: Oh↗, right↘! Thanks↘.I must↘ pay attention to the traffic↗ lights!

Step 5：Extension

Task：师生示范对话、生生对话，参考文本如下。

A: Excuse me.How can I get to the _____?

B: You can take the No. _____ bus over there.

A: Is it far from here?

B: No.It takes you 10 minutes to get there on foot.

A: Oh, I see.

B: Don't go _____

A: Thanks. I must _____

9. 评价设计

课前：教师通过提问、播放交通工具的声音，激发学生回忆学过的关于交通和交通工具的知识，这是学习本课的重要基础。教师针对学生的回答进行评价，并指导接下来的教学。

课中：教师通过观察学生在角色扮演、配音游戏、生生对话等环节中的表现即时考查学生对相关核心句型的学习和掌握情况，形成过程性评价。

课后：主要通过相关视频考查学生学习本课后对核心句型的掌握情况，并进一步进行安全意识教育以及情感教育。

二、教学实际过程描述

本课教学为全英语授课，其具体教学过程分为以下七个步骤。

Step 1：Warm-up

Free talk：Do you know how did Miss Xie come here today?

Step 2：Leading in

Listen and guess.（Car，bike，motorbike，ship，train，plane）

Step 3：Presentation and practice

1. Let's try：Today Mrs Smith and her students are going to the nature park. Do you know how can they get there? Guess!

2. Let's talk：How does Wu Yifan go to the Fuxing Hospital?

3. Let's learn：Pay attention to the traffic lights. What must I do?

4. Pronunciation guide.

Step 4：Consolidation

Task 1：Look and choose.

Task 2：Listen and imitate.

Task 3：Let's read together.

Task 4：Role play.

Task 5：Dub the cartoon.

Step 5：Extension

Task 1：Talk about traffic suggestions.

Task 2：Show and explain traffic signs.

Step 6：Sum-up

Step 7：Homework

Watch a video and then discuss in groups what do we learn from the video.

三、学生学习成果

学生在课前能够联系旧知，结合生活实际回答有关交通方式的问题，顺利进入课堂新知的学习环节。课中，听声音辨认交通工具、角色扮演、配音游戏、生生对话等环节深受学生喜爱，学生参与热情高，表现也超过了教师的预设，由此可见，学生对这种与传统教学不一样的、趣味性较强的教学方式，接受程度较高，学习效果较好。经过本课学习后，学生受到了鼓舞，在课后更愿意用英语进行表达，这有利于提高学生的英语核心素养，这正是儒雅课堂的魅力所在。

四、教学反思

本课为听说教学课，传统的听说教学课主要以教师为中心，教师播放录音、范读，学生跟读、练习，教师教起来平淡，学生学起来无趣，学习效果自然不好。本课主题为"交通工具和交通方式"，与学生的日常生活联系紧密，于是我以此为切入点，创设有效情境，设计丰富有趣的教学活动，反复重现核心短语、核心句型，提高了学生的参与热情，鼓励学生多读多说。在教学过程中，我还会有意识地渗透交通安全教育，培养学生遵守交通规则的意识。

经过反思，我认为在本课教学中仍存在以下不足：①让学生输出语言时用时太少，应给予学生充足的时间，鼓励学生使用英语表达；②应改进课文听音模仿环节中的PPT设置，改为点击鼠标输出更好，节省课堂时间；③课堂提问技巧有待提高，较好的提问能有效地激发学生的学习动机。

总体而言，在本课教学中，学生热情高涨，课堂气氛活跃，根据学生课堂表现及作业完成情况可知其学习效果不错。

通过我校多名教师的课堂教学实践，我们发现儒雅课堂教学模式的确能够激发学生的学习热情，调动学生的学习积极性，提高教学质量。今后我将继续探索，为学生提供更优质的教学。

（湛江市第八小学　谢小庆）

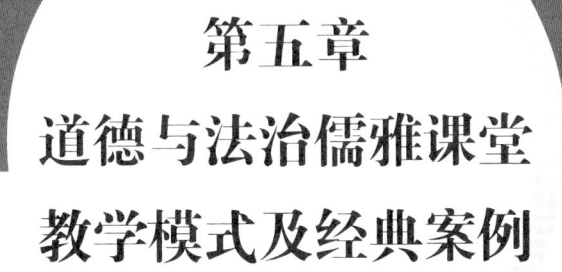

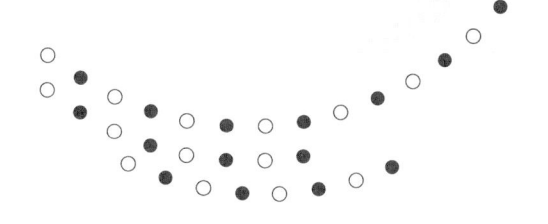

第五章
道德与法治儒雅课堂教学模式及经典案例

第一节

道德与法治儒雅课堂教学模式

基于儒雅课堂的基本特点及教学的基本范式，结合道德与法治学科儒雅课堂的突出特征和应用优势，我们在湛江市第八小学的儒雅课堂教学改革实践中探索建立了道德与法治"活动+体验"式儒雅课堂教学模式。

一、道德与法治儒雅课堂教学模式概述

1. 基本理念

构建"活动+体验"式儒雅课堂教学模式的目的在于，让学生在参与多种多样的活动中内化知识，陶冶情操，开启智慧。让学生去看、去听、去想、去说、去体验、去感悟，引导学生在活动过程中感受生活的美妙与快乐，从而全身心投入其中，将道德与法治学科的知识运用于生活中。道德与法治"活动+体验"式儒雅课堂教学模式以学生的社会生活为基础，注重培养学生道德与法治学科的核心能力，即学生在主动学习的过程中，通过掌握认识社会事物和现象的方法，提高道德判断能力和行为选择能力，发展主动适应社会、积极参与社会的能力。课后，通过组织学生参与各种活动，将儒雅教育从课内延伸到课外，让学生随时随地体验生活、感悟生活，获取经验，增长见识，提高创造性解决问题的能力。在道德与法治儒雅课堂中，学生的学习主要在于"感悟"。教师要将情感体验渗透到各个教学环节之中，让学生在体验感知、体验积累、体验情感、体验合作、体验创新、体验挑战、体验成功的过程中有所感悟，从而形成正确的世界观、人生观、价值观。

2. 基本原则

（1）思想性原则。

小学是人生的重要阶段，小学生对客观世界的认识在这时候快速形成，各种思想也在这时候逐步建立。思想性是道德与法治这门课程的一个重要特征。在进行道德与法治教育的过程中，教师一定要注重对学生进行思想层面的教育，具体包括爱国主义教育、集体主义教育、社会主义教育、品德和规则教育，以及世界观、人生观、价值观的教育等。

（2）实践性原则。

我国著名教育家陶行知强调"教学做合一"。他说："先生拿做来教，乃是真教；学生拿做来学，方是实学。"道德与法治课的实践，就是"做中学"的一种体现，能促进学生由"知"转向"行"，从而达到"知行合一"的境界。我们都知道，只有在实践中学生的知识与能力才能获得发展，因此，道德与法治教育一定要落实到具体的社会实践当中。在道德与法治"活动+体验"式儒雅课堂教学模式的指导下，教师要为学生设计形式多样的活动，让学生在实践活动中获得体验。

（3）主体性原则。

教师是学生学习的支持者、合作者、指导者。在教学中，教师不是单纯的知识传授者，不是"教"教科书的人，而是努力为学生创设适宜的活动环境与条件的支持者；是与学生共同进行活动的合作者；是在参与学生活动的过程中，引导活动向正确方向发展，带领学生向着课程目标前进的指导者。学生是独立的人，是独一无二的个体，他们有自身鲜明的个性，有强烈的自我意识，有自己的特长与兴趣。学生是学习的主人，在教育教学活动中居于主体地位。而教师充当的是引导者和促进者的角色，教师要做的就是设计一套能促使学生发挥主观能动性的教学方法，充分调动学生学习的积极性和主动性。在教师的点拨、指引下，学生自主学习、合作探究，从而获得知识，升华情感，提升能力。道德与法治儒雅课堂十分注重学生在学习中的主体地位，教师要根据学生的思想、品德现状和身心发展规律，以及知识和能力，选择合适的教学方式实施道德与法治教育。在教学过程中，教师要充分尊重学生独特的感受、体验和理解，真正做到从学生的需要出发，以学定教。

二、道德与法治儒雅课堂教学基本环节

道德与法治"活动+体验"式儒雅课堂教学模式基于学生的学习生活，以"活动+体验"的模式驱动教学，在儒雅的教学环境下探索并实践道德与法治教学同儒雅品质的深度融合。课前，教师根据教学目标给学生安排学习任务，先学后教，根据学生的学习情况顺学而导；课中，教师组织学生进一步学习，完成教学目标；课后，进行知识的拓展与延伸，促进学生道德情感的升华、法治意识的提升。道德与法治儒雅课堂具体的教学基本环节如图5-1所示。

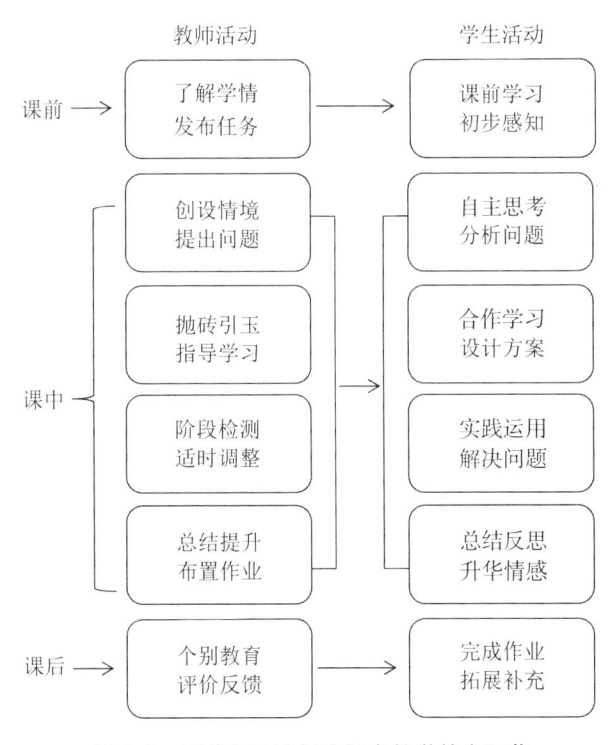

图5-1 道德与法治儒雅课堂教学基本环节

1. 课前

先学后教，顺学而导。教师上课前先了解学情，发布任务，如课前小练习，让学生根据教师发布的任务进行课前的自主学习，对接下来要学的内容形成初步的认识。

2. 课中

（1）自主思考，分析问题。

学生是学习的主体，学生思维和智力的发展都离不开自主的学习和思考。教育家陶行知也强调自主学习的重要性，他曾说，教育就跟喂鸡一样，先生强迫学生去学习，把知识硬灌给他，他是不情愿学的，即使学也是食而不化，过不了多久，他还是会把知识还给先生的。但是如果让他自由地学习，充分地发挥他的主观能动性，那效果将一定会好得多！因此，教师要通过创设生动形象的情境，向学生抛出问题，引导学生自主学习，指引他们独立分析问题。

（2）合作学习，设计方案。

新课程改革倡导培养学生的自主、合作、探究能力。教师抛出一个问题之后，学生先自主思考、分析问题，对教师提出的问题形成自己的见解后，再合作学习，表达自己的观点，充分发挥主观能动性，结合实际情况，共同设计合适的方案来解决问题。

（3）实践运用，解决问题。

经过前面的学习，学生已掌握了一定的理论知识，也拥有了一定的解决问题的能力，但还需要在实践中不断地巩固和强化。实践是检验真理的唯一标准，学生所学的知识只有经过实践的检验，才能得到强化和提升。师生针对具体的有关道德与法治的问题进行实际操练，或是模拟生活情境进行体验，可凸显道德与法治的学科特色，把内在的学科知识外化为学科的关键能力。

（4）总结反思，升华情感。

《论语》有言："学而不思则罔，思而不学则殆。""学"和"思"相辅相成，紧密联系。教师在一节课的最后应该积极引导学生就所学知识进行总结和反思，指引他们重新梳理知识，并鼓励他们积极地去探究所学知识和实践之间的冲突，找到两者之间的平衡点。学生经过前面几个环节的学习，会针对所学的内容建立起属于自己的认知结构和价值体系，并通过具体的道德实践提高集体意识、合作意识、公共参与意识和法治意识等。

3. 课后

课后主要是个别教育，评价反馈。教师通过检查、批阅学生所做的练习或作业，检测学生学习的水平及其与教学目标之间的差距，及时对学生进行评价反馈，即使是在课后也可以让学生不断地完善自身的知识结构，提高学科核心素养。

三、道德与法治儒雅课堂教学注意事项

1. 贴近生活，让课堂亲切起来

道德与法治这门学科与我们的生活有着非常紧密的联系，其教学内容与教材编排都紧紧围绕学生的生活展开，从道德教育到心理健康教育，从法治教育到生活常识教育，都与学生的日常生活息息相关，都能在生活中找到鲜活的素材和典型的案例。因此，道德与法治课的教学，既要"从生活中来"，又要"到生活中去"。所谓"到生活中去"，就是道德与法治课最终还是要回归到生活中，学生在道德与法治课堂上学到的知识要通过生活实践进行体验，从而将其真正内化为自己的道德修养和法治意识。道德与

法治课只有贴近生活实际，才能使学生获得与生活有关的知识，才能让学生有实践、体验的机会，才能提高学生解决实际问题的能力，使学生更加愉悦地学习和生活。教师在教学时，可以联系生活实际，广泛收集、整理发生在学生生活中且与授课内容息息相关的事例，将一些看似"高""大""难"的知识和道理与学生熟悉的例子相结合，让道德与法治课变得亲切起来。只有把知识延伸到生活中，学生才会感到亲切，才会对学习产生兴趣，才会积极、主动地去学习。

2. 形式多样，让课堂丰富多彩

小学生道德与法治意识的形成主要依靠真实的体验，因此，教师在进行道德与法治课的教学设计时，应充分考虑教学形式的多样性。教师可以创设情境，让学生有身临其境之感，使学生在情境中获得真实的自我体验，唤醒原有的知识积累，进而把感性的认知上升到理性的顿悟，激发内心的情感。同时，教师还可以结合教学内容组织角色扮演、辩论比赛、故事分享会等丰富多彩的活动，鼓励学生积极参与其中，让学生通过观察、体验等，在情绪上受到感染，产生情感共鸣，最终提高道德品质，初步形成法治意识。值得一提的是，小学道德与法治课的教学不应仅仅局限在教室内，而应突破教室的限制，走到社会当中，充分利用社会资源，让学生在真实的社会实践中增长见识、发散思维、获取知识。形式多样的道德与法治课堂，才是学生喜闻乐见的有趣的课堂，才会激发学生学习的兴趣和潜力，才有利于培养学生的行为习惯，促进学生道德与法治水平的提高。

3. 结合时政，激发学生学习兴趣

时政是道德与法治课教学的重要组成部分，在道德与法治课上对学生进行时政教育是必不可少的。进行时政教育，可以让学生对国内外的形势有所了解，使他们的知识面在深度和广度上都有所发展，可以帮助学生提高明辨是非善恶的能力，丰富他们的认知结构，培养他们正确的思维方式。教师在上道德与法治课的时候，可以适时地把时政内容融入其中，通过时政小演讲、时政新闻播报、时政手抄报、时政歌曲齐分享、时政竞赛等学生喜闻乐见的形式，拉近时政与学生的情感距离，激发学生的学习兴趣。如今是一个信息爆炸的时代，时政信息量巨大，一方面，小学生对时政并不熟悉，他们收集、整理时政资料的条件和能力相对有限，因此，教师要及时帮助和引导他们；另一方面，教师要花心思、花时间对时政资料加以筛选，从中选取出与教学内容贴合的素材，把道德与法治教学和时政相结合，这样不仅可以激发学生的学习兴趣，还可以提高道德与法治课的实效性。

第二节

"活动+体验"式教学模式探索

——以"周末巧安排"为例

一、教学设计

1. 设计思想

在生活化教学理念的指导下,本节课力求在教材内外挖掘生活资源,创建开放的生活化课堂,将道德与法治课和儒雅品质深度融合,以问题促进学生的学习。设计课前小练习,把部分知识的学习放在课前,教师了解了学生的学习情况后再进行教学,以学定教。在教学中,创设情境,组织学生进行实践体验,并结合实例进行探究,建立本节课的知识体系。在课后,进行个别教育,因材施教,促进学生儒雅品质的形成和发展。

2. 教学目标

(1)能够判断自己的行为是否合理,学会控制自己的行为。

(2)通过情境体验、观点辨析等活动,学会合理安排周末生活。

(3)懂得合理安排周末的意义,养成做事有计划的好习惯。

3. 教学重难点

教学重点:乐于与家长、教师交流自己的感受,积极化解分歧;能够判断自己的行为是否合理,学会控制自己的行为。

教学难点:能够结合生活中的具体情况判断自己的行为是否合理,培养管理和控制自己行为的能力。

4. 学情分析

二年级的学生虽然经过一年小学生涯的学习，但纪律还相对散漫，而且他们喜欢自由，自控能力较差，时间观念较差，还不能很好地处理好休息、娱乐和学习三者之间的关系。

5. 教材分析

"周末巧安排"是人教版《道德与法治》二年级上册第一单元"我们的节假日"的第二课。在此之前，学生已经学过了本单元的第一课"假期有收获"，它主要是引导学生用心过好假期。这节课的内容更注重引导学生合理安排周末时间，从而过一个有意义的周末。

6. 教学模式与策略

本节课采用道德与法治"活动+体验"式儒雅课堂教学模式。课前，教师给学生发布小任务，再根据学生的完成情况，设计出贴合学生实际的教学方案，以学定教。课中，教师运用多媒体呈现两个贴近学生日常生活的案例，引导学生自主学习、分析问题，并在共同探讨、交流的过程中产生新的思考和感悟，生成新的问题，推动教学活动的开展。此外，教师还通过课堂小检测，检查学生对本课内容的掌握情况，在课上及时反馈，引导学生对所学知识进行梳理和总结，使学生的感悟和体验提升到一个新高度。课后，教师根据本节课所学的内容布置作业，帮助学生对所学内容进行巩固和提升，同时根据学生对知识的掌握情况进行补充教学。

7. 教学过程设计

表5-1 "周末巧安排"教学过程设计

	教学环节	教师活动	学生活动
课前	学习之初体验	进行周末生活小调查，制作课件	填写"我的周末——生活卡"，完成课前作业
课中	环节1：观看插图，激发兴趣	出示课本中的插图，介绍小云过周末的情况，通过问题启发引导学生思考	观看课本插图，听教师介绍，回答教师提出的问题
课中	环节2：交流分享，畅谈感受	周末生活大家聊 1. 畅聊周末生活：同学们，你们周末都有什么安排？感觉怎么样 2. 引导学生说出看完本班学生的周末生活调查结果后的感受 3. 统计学生对周末上兴趣班的心情、体验 4. 询问学生产生这种体验的原因	积极交流、讨论，分享自己的周末生活
课中	环节3：知识内化于心，实践外化于行	探究活动："小宝，不可以" 1. 创设情境 邀请几名学生分别和教师合作表演"小宝，不可以"故事中的不同情境，引导学生分享自己曾经遇到的"不可以" 2. 确定实践目标 在什么情境下你特别不想做某事？不想做的原因是什么 3. 设计实践方案 针对故事中主人公在周末生活中存在的问题，设计把"不可以"转化为"可以"的实践方案 4. 选择实践方案 对四种实践方案进行比较分析，并通过投票的方式选择一种方案 5. 运用实践方案 对所选实践方案进行现场操作	自主学习，小组合作探究，设计、运用实践方案
课中	环节4：反思实践，启迪心智	1. 分析绘本《大卫，不可以》 引导学生对绘本中大卫的行为进行分析 2. 周末生活"对对碰" 你赞同周末早起还是晚起？你觉得什么事情可以先做？什么事情可以后做？启发引导，归纳总结	模拟"大卫妈妈"的口吻，逐一说图，说明"不可以"的原因。观看课本插图，小组讨论，选代表发言，做笔记，并反思自己的行为

（续表）

	教学环节	教师活动	学生活动
课中	环节5： 拓展延伸， 总结升华	出示古训：少年易老学难成，一寸光阴不可轻 布置作业	朗读古训，做作业
课后	环节6： 个性化教学	根据课堂上学生的表现推送作业，并就学生的疑问及不足进行个性化的辅导	完成作业，提出疑问

8. 练习设计

课前：布置5道判断题，涉及的知识点主要是判断周末生活中的事哪些是可行的，哪些是不可行的。填写好"我的周末——生活卡"。

课中：设计实践方案，交流、讨论并现场操作。

课后：依据学生的上课情况进行作业推送，根据学生的掌握情况进行补充教学。

9. 评价设计

课前：针对学生课前小练习和周末生活小调查的完成情况，进行诊断性评价，以便在课堂教学中进行更有针对性的教学指导。

课中：针对课堂上学生参与活动、发言、讨论等的情况，进行生生互评、教师评价等形成性评价。

课后：针对课后作业，进行总结性评价。

二、教学实际过程描述

在道德与法治"活动+体验"式儒雅课堂教学实践中，教师着眼于引导学生合理安排周末生活，养成做事有计划的好习惯。本节课通过调动学生的生活经验，引导学生进行批判性反思，打造开放的生活化课堂，让学生在体验、感悟和探索中提升认识，形成儒雅品质。

课前：教师调查学生的周末安排情况，布置5道相关的判断题了解学情，进而设计出更贴合学生实际的教学方案。

课中：首先，以课本上的案例导入，让学生谈谈自己的周末生活，激发学生的学习兴趣。其次，进行周末生活的实践探究活动，在这个过程中，融入学生对过周末时可以做和不可以做的事情的讨论、交流，在解决问题的过程中完成知识的学习，突破重点，为解决难点打下基础，同时提高学生的自我约束能力。再次，通过分析绘本《大卫，不可以》，进行观点碰撞，激发智慧火花，让学生反思自身的行为，促进学生理解合理安排周末生活的意义，突破重难点。最后，引导学生梳理知识、升华情感，培养学生的儒雅品质。

课后：根据学生在课堂上的表现进行有针对性的作业推送，并对学生的疑问进行个性化的解答，做到因材施教。

三、学生学习成果

本节课的教学目标是让学生大胆表达自己的感受，能够判断自己的行为是否合理，提升自控力，培养做事有计划的好习惯。

在教学过程中，学生通过安排周末生活的实践，明确了周末什么事情可以做、什么事情不可以做，知道了如何把"不可以"转换成"可以"，知道了遇事要和家长沟通。

此外，在分享中，有的学生说自己懂得了要先学习再玩耍；有的学生说爬高等危险的事情绝对不可以做；还有学生说因某事和家长有分歧时，可以和家长沟通协商，要理解他们。通过这些学生的回答可以看出本节课的教学目标基本达成，而且学生在情感、态度、价值观方面也有所提升，学生的理性精神、和谐观念正慢慢生长。

四、教学反思与评价

1. 教学反思

这节课比较全面地展示了"活动+体验"式儒雅课堂教学模式的特点。课前，学生填写好"我的周末——生活卡"，并完成课前作业。我根据学生完成课前任务的情况调整教学目标，确定教学任务和教学策略，以学定教，在教学过程中做到了有的放矢，游刃有余，从而提高了教学质量。上课伊始，让学生观看课本插图，回答我提出的问题，调动了学生学习的积极性，同时也检测了学生对基础知识的掌握情况。因为本课的内容和学生的生活紧密相关，只要学生课前完成了小练习，上课时稍加点拨，学生就能较好地掌握基础知识，所以，我把教学的主要精力集中在重难点的突破以及学生知识的内化、情感的升华上。在授课过程中，我关注学生已有的知识经验，通过形式丰富的活动，为学生营造活跃、有趣、灵动的课堂氛围，使学生明白了周末该做哪些事、不该做哪些事，理解了父母，学会了合理安排自己的周末生活等，较好地实现了教学目标，取得了良好的教学效果。

但在教学中，我也遇到了一些问题。如有的学生自主学习的动力不足，探究问题的水平不够，对教师布置的任务和提出的问题不能较好地完成。知识的内化是在学生掌握了基础知识之后，对知识加以迁移、运用，从而提升自身能力的体现。教师在设计任务和问题的时候，应以学生现有的知识为基础，任务和问题的难度不要太大，要顺应学生的身心发展规律，为学生搭建台阶。学生情感的升华也是建立在学生对基础知识理解的基础之上的，不可能一蹴而就。在今后的教学中，要吸取教训，尽量避免出现类似的问题。

2. 教学评价（岭南师范学院王林发教授）

该课例充分体现了学生的主体地位，尊重了学生的独特体验。在教学中，教师以学定教，顺学而导，不仅提高了教学的针对性，还提高了教学的有效性。课前、课中、课后的内容条理清晰、任务明确，教学环节有效衔接、环环相扣，帮助学生建立了新旧知识之间的联系，完善了道德知识体系。此外，课堂实践探究活动不仅丰富了教学内容，开拓了学生的视野，激发了学生学习的积极性和主动性，提高了课堂的教学效率，还促进了师生之间、生生之间的多向互动，使得道德与法治课堂充满活力、智慧、情感与乐趣。

（湛江市第八小学　蔡杭妙）

第三节

知识内化，品德升华

——以"我很诚实"为例

一、教学设计

1. 设计思想

本课以诚实为抓手，通过微信群这个学习平台，落实先学后教的理念。因此，本课采用儒雅课堂的微信群教学方式，把诚实的内涵、做法和意义等知识点以文字、图片、音频、视频、PPT等形式发到微信群里，让学生提前学习、思考。在课堂上，通过读故事、演小品、签"诚实守信，做文明小学生"倡议书等各种学生喜闻乐见的形式，把诚实的内涵、如何做到诚实等知识点融入其中，循序渐进地对学生进行诚实教育，促使学生形成诚实守信的儒雅品质，努力做一个诚实的人。

2. 教学目标

（1）懂得诚实的具体内涵和导致不诚实行为的原因，知道诚实是中华民族的传统美德。

（2）在家庭、学校、社会生活中做到诚实，从生活细节入手做个诚实的小学生。

（3）懂得诚实对个人的意义和对社会的意义，努力做一个诚实的人，并通过自己的努力去影响身边的人。

3. 教学重难点

教学重点：认识诚实并在生活中诚实做人。

教学难点：在日常生活中发现诚实的行为，将诚实内化为美德，外化为行动。

4. 学情分析

小学三年级学生的思想意识处于不成熟阶段，辨别是非的能力有待提高，特别是有些学生在溺爱型家庭中长大，即使说谎也会得到家长的宽容。而诚实是做人的根本，学习本课，旨在让学生做一个诚实守信的人。

5. 教材分析

"我很诚实"是人教版《道德与法治》三年级下册第一单元"我和我的同伴"中的内容。在此之前学生已经在日常生活中积累了一定的对诚实的认识和看法，本课通过对具体情境的分析，引导学生交流探讨诚实的行为，使学生真正认识诚实，促进学生将认知转化为行为。

6. 教学模式与策略

本课充分践行儒雅课堂中"建立一个微信群，提供学习广阔平台"的教学策略和"先学后教，以学定教"的教学理念。让学生课前通过微信群学习，初步掌握诚实的基本内容，再通过课堂的深入学习，逐一突破本课的重难点，促进学生对知识的深入理解和牢固掌握，使学生把诚实内化为美德，外化为行动。在教学中，把掌握知识和升华品德融为一体，让学生在学习知识的同时升华品德。

7. 教学过程设计

（1）课前。

①教师制作PPT，并把相关学习资料发到微信群里，布置课前任务。

② 学生自主学习微信群里的内容并完成课前任务。

（2）课中。

表5-2 "我很诚实"教学过程设计

教学环节	教师活动	学生活动
环节1： 检测学习， 完善课件	1. 检查学生课前任务的完成情况 2. 根据学情，完善课件	完成教师布置的课前任务
环节2： 观看插图， 认识诚实	1. 展示课本中的三幅插图，并提问：哪些是诚实行为？引导学生总结什么是诚实 2. 引导学生把生活中的诚实行为写在课本第16页"我心中的诚实行为"方框中	1. 观看插图 2. 回答问题 3. 根据自己的理解写下生活中的诚实行为
环节3： 阅读故事， 深入学习	1. 引导学生阅读课本中的故事《明山宾卖牛》，并提问：如果你是明山宾，你会告诉买家牛从前害过蹄病吗？为什么 2. 小结：我们要不畏损失，做个诚实的人	1. 阅读故事《明山宾卖牛》 2. 回答问题 3. 适当记笔记
环节4： 知识运用， 能力提升	1. 小组讨论：生活中有哪些诚实的行为，哪些不诚实的行为 2. 组织学生采访	1. 小组讨论 2. "小记者"到各个小组进行采访
环节5： 创设情境， 辨析行为	1. 组织学生表演、观看小品《虚荣心》 2. 播放课本第19页两个范例的视频 3. 引导学生分析主人公这样做的原因，并给出合理的建议 4. 小结：克服虚荣、恐惧、好胜等心理，拒绝撒谎	1. 观看同学表演的与诚实有关的小品《虚荣心》 2. 观看视频 3. 分析主人公这样做的原因，并给出合理的建议 4. 适当记笔记
环节6： 拓展提升， 道德升华	1. 引导学生整理知识，构建框架，总结提升 2. 组织学生签"诚实守信，做文明小学生"倡议书 3. 布置作业	1. 梳理知识 2. 签"诚实守信，做文明小学生"倡议书

（3）课后。

制作"我很诚实"手抄报。

8. 练习设计

课前：在微信群中推送作业。

课后：制作"我很诚实"手抄报。

9. 评价设计

课前：通过对学生课前任务完成情况的了解，初步评价学生的基础知识水平。

课中：在课堂教学中，对学生进行诊断性评价，帮助学生进一步掌握知识、运用知识、提高能力、升华道德品质。

课后：布置课后作业，对学生进行总结性评价。

二、教学实际过程描述

本节课全面贯彻儒雅课堂"先学后教，以学定教"的教学理念。

课前：学生主动学习微信群里的相关资料，了解有关诚实的基本内容。

课中：通过多种活动形式充分展示儒雅课堂的全貌。首先，让学生观看课本中的插图，唤醒学生的生活经验，激发他们对诚实的思考。其次，阅读经典故事《明山宾卖牛》，对诚实进行深入学习。再次，寻找诚实，辨析生活中诚实与不诚实的行为，表演、观看有关诚实的小品。在教师的引导和点拨下，学生对有关诚实的基础知识有了更好的掌握。最后，学生签"诚实守信，做文明小学生"倡议书，并在教师的指导下突破重难点、掌握易错点，内化知识，升华品德。

课后：学生运用所学知识，制作"我很诚实"手抄报，践行诚实守信。

三、学生学习成果

学生通过完成课前任务，初步掌握了诚实的内涵、意义等基础知识。

课堂中，学生通过丰富的活动及教师的指导，逐步突破了本课教学的重难点。拥有诚实品质不仅于个人而言意义深远，于国家而言同样意义非凡。小组讨论和"小记者"采访时，学生们踊跃发言，表达自己对诚实的看法，加深了对诚实的理解，同时也活跃了课堂气氛。小品表演的是发生在学生身边的真实案例，一方面，锻炼了学生的表演能力；另一方面，通过对小品中不诚实的行为进行批评指正，学生对诚实有了更深入的认识，这些活动很好地促进了学生对所学知识的理解和运用。而签"诚实守信，做文明小学生"倡议书更表现出学生做诚实的人的决心和意志。通过以上多种形式的活动对学生进行诚实教育，能使学生立志做一个诚实守信的人。本节课，收到了良好的教育效果。

四、教学反思与评价

1. 教学反思

本课教学认真贯彻了让社会主义核心价值观进课堂的精神。通过有关诚实的故事，感染学生，让学生认识到诚实不仅是一种美德，也是帮助我们成就人生事业的必备品质。在小组讨论和"小记者"采访中，我给予学生充足的时间和空间，让学生踊跃发言，表达自己对诚实的看法，从而加深了学生对诚实的理解。小品表演不仅锻炼了学生的表演能力，还起到了很好的教育作用。签"诚实守信，做文明小学生"倡议书更表现出学生做诚实的人的决心和意志。最后，为了让社会主义核心价值观深入学生心中，我布置了课后作业——制作"我很诚实"手抄报，在增强学生动手能力的同时让他们立志做一个诚实的人。

2. 教学评价（岭南师范学院王林发教授）

本节课教学顺畅自然，把党的方针政策、学生身边的事例完美地融合在了一起，通过读有关诚实的故事、表演有关诚实的小品、签"诚实守信，做文明小学生"倡议书等一系列活动，帮助学生内化诚实的相关知识，使得学生立志做一个诚实的人。随着课程的推进，任务的难度逐步提高，在解决问题的过程中，学生的知识得以内化，品德得以提高。教师始终围绕"诚实"这个主题进行教学，与学生一起做诚实的人，传播正能量，培养了学生诚实守信的儒雅品质。

（湛江市第八小学　麦晓欣）

第四节

教学实践的创新与思考

——以"可爱的动物"为例

一、教学设计

1. 设计思想

在以学生为本的教学理念的指导下,结合教材和一年级学生善于形象思维、想象力丰富的身心发展特点,运用先进的信息技术设备创设逼真、有趣的"快乐森林之旅"情境。本节课充分尊重学生的主体地位,有机融合了小组讨论、情境体验、观看视频、学习《中华人民共和国野生动物保护法》等活动,注重学生的知识水平和独特体验,让学生在丰富而有趣的活动中了解不同动物的特点、习性,掌握和动物相处时保护自己的方法,培养对动物的喜爱之情。

2. 教学目标

(1)通过小组交流,了解动物的特点和可爱之处,激发对动物的喜爱之情;通过观看视频,掌握保护动物的方法以及与动物相处时保护自己的方法。

(2)培养喜欢和动物交朋友的情感,懂得善待动物,培养珍爱动物生命的意识。

3. 教学重难点

学会善待小动物,增强生命意识,培养安全意识。

4. 学情分析

一年级学生有同情心，喜欢亲近动物，这个时期是引导其对自然界有共在共生感的好时机。

一年级学生的好奇心和探究欲较强，他们愿意给动物喂食，喜欢用手去触摸动物，但有时他们还会剪猫的胡须、用水淹蚂蚁等。他们通常意识不到这样做会不利于动物生长，甚至还会给自己带来潜在的危险。因此，在引导学生爱护动物、愿意与动物亲近的同时，还需要对他们加强关于如何与动物相处的引导，以及对他们进行自我保护的教育。

5. 教材分析

"可爱的动物"是人教版《道德与法治》一年级下册第二单元"我和大自然"中的内容。本课内容由"我喜欢的动物""我和我的动物朋友""怎样才是真喜欢""别让自己受伤害"4个栏目构成。第一个栏目旨在唤起学生与动物的感情；第二个栏目旨在引导学生认识生活中人与动物的亲密关系；第三个栏目旨在引导学生明辨哪些行为是爱护动物的表现，远离爱护动物的误区；第四个栏目旨在让学生了解人与动物相处时要有自我保护意识，掌握与动物相处的正确方法，避免自己受到伤害。本课还通过活动"动物老师"让学生了解动物对人类的启迪，通过视频《我和小蜻蜓》引导学生发现和动物相处过程中较为恰当的方法。

6. 教学模式与策略

本节课采用儒雅课堂教学模式，教师在课前给学生发放了根据教材制作的动物卡片，动物卡片上需要学生填写该动物的特征、习性及爱护动物和保护自己的相关知识。学生课前自主学习教材内容，并通过上网查阅资料等途径完成动物卡片的填写。教师根据学生的任务完成情况，分析他们对该课基础知识的掌握程度，并据此进行课堂教学的安排，根据学生暴露出来的薄弱之处和教学重难点确定教学策略。

在教学中采取多样化的教学手段，通过猜字谜、小组交流汇报、情境模拟、观看视频、学习绘本故事、唱歌等方式让学生充分体验和展示，加强师生间、生生间的交流互动，在激发学生学习热情的同时巩固学生薄弱的知识点，以达到更好的教学效果。另外，通过学习《中华人民共和国野生动物保护法》，拓宽知识面，做知法守法的好公民。

7. 教学过程设计

（1）课前活动。

教师制作PPT，发放印有课前任务的动物卡片。学生课前自主学习并完成课前任务。

（2）课中活动。

表5-3　"可爱的动物"教学过程设计

教学环节		教师活动	学生活动
环节1：趣味导入		通过让学生说自己喜欢的动物、猜谜语，趣味导入新课	积极回答教师的问题
环节2：查漏补缺		展示课前任务中错误率比较高的题目，着重讲解	质疑发问，互相讨论
环节3：情境模拟	步骤一	引导学生进行小组汇报	展示自己喜欢的动物的贴画、玩具或头饰，说一说喜欢的原因
	步骤二	引导学生总结动物朋友的特点，激发学生对动物的喜爱之情	听教师的总结，做笔记

（续表）

教学环节		教师活动	学生活动
环节3：情境模拟	步骤三	点拨：如果让你选择住的地方，你会给自己和动物朋友选择哪里？为什么？你和动物朋友会怎样度过这美好的一天？你们会参观哪里？有什么收获	小组讨论，分析不同动物的不同栖息地，说出自己的理解，回答问题
	步骤四	播放视频《我和小蜻蜓》。点拨：这个故事让你懂得了什么？出示小练习	观看视频，谈收获并完成教师布置的小练习
	步骤五	播放视频《参观老虎园遇险》点拨：刚刚大家一起经历了可怕的老虎园遇险事件，此时此刻你有什么想说的？发放课堂练习的表格	观看视频，谈感想并完成表格，写出和动物相处时保护自己的方法
	步骤六	引导学生唱《动物之歌》	唱歌
环节4：课堂总结		总结本课所学	认真听讲，记笔记，提出疑惑
环节5：拓展学习		朗读《中华人民共和国野生动物保护法》	朗读《中华人民共和国野生动物保护法》

（3）课后活动。

教师布置作业。学生根据要求把这次"快乐森林之旅"的见闻以及收获告诉家长，家长录制学生讲故事的视频发送至班级微信群。学生提出疑问，教师及时解答。

8. 练习设计

课前：布置填写动物卡片的任务。

课中：借助多媒体创设真实情境，把学生带入情境之中，让学生在"快乐森林之旅"中去发现动物的特征和习性，培养和动物之间的情感，树立保护动物的意识，同时掌握爱护动物和保护自己的方法。

课后：学生完成教师布置的作业，迁移运用所学知识。教师及时反馈，并为学生答疑解惑，加深学生对本课知识的理解。

9. 评价设计

（1）学生课前作业情况。

教师课前发放印有学习任务的动物卡片，对学生的课前学习形成初步评价。

（2）课中诊断性评价。

教师根据学生回答问题以及完成课堂小练习的情况，考查学生对课堂所学知识的掌握程度，形成诊断性评价。

（3）课后总结性评价。

教师布置课后作业，学生在规定时间内上传，教师根据学生的课后反馈进行有针对性的个别教育。

二、教学实际过程描述

课前，教师布置课前作业，并对学生的完成情况进行分析，及时确定教学目标和教学策略。

课中主要包括以下几个环节。

环节1：谈话和猜谜语，一方面，激发学生的学习兴趣；另一方面，激发学生对动物的喜爱之情，使其产生要保护好它们的愿望。

环节2：教师根据学生的课前作业完成情况针对其薄弱知识点进行强化讲解，巩固学生的基础知识。

环节3：这是本节课的核心环节，教学重点和难点均在此环节被突破。教师通过情境模拟，带给学生深刻的体验，使学生巩固基础知识，对动物产生喜爱之情，并掌握保护自己的方法。小组交流"我喜欢的动物"，学生了解更多动物的可爱之处。通过讲述"我和我的动物朋友"美好、难忘的时光，学生体会到人与动物相处时的欢乐。通过学习绘本故事，学生了解了什么样的行为才是爱护动物，增强了尊重生命、保护动物的意识与责

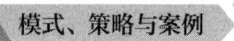

任。通过播放视频，学生了解到与动物接触时要注意自我保护，要有安全意识。通过学习教材中的插图以及受伤时的紧急处理方法，学生认识到遇到陌生的动物一定要保持较远的距离，不能随便去触碰、激怒它；不管被什么动物伤到，不管伤得重不重，一定要及时告诉家长，不可隐瞒，并及时做出处理，避免伤及性命。在这个环节，学生要进行两次课堂练习，通过练习进一步掌握爱护动物和保护自己的方法。

环节4：教师对本节课所学的内容加以总结，学生整理归纳，进一步内化知识，升华情感。

环节5：拓展学习《中华人民共和国野生动物保护法》，引导学生知法守法，依法保护可爱的动物。

课后，学生完成教师布置的作业，并在班级微信群中提出自己的疑问，达到"一人问，多人答，多人学"的良好效果。教师根据学生的课后作业情况进行个性化指导。

三、教学反思与评价

1. 教学反思

本课教学以教材资源为范例，以课外资源为补充，以创设情境为手段，让学生去观察、感受、展示、分享、辨析、讨论、反思，将教材内容与现实生活联系起来，使学生在创设的情境中加深了对动物的亲近感，知道了动物可以给人类带来帮助，懂得了要怎样爱护动物，学会了与动物相处时保护自己的一些方法，取得了较好的教学效果。

2. 教学评价（岭南师范学院王林发教授）

本节课充分展现了儒雅课堂的"和、活、实、新"，教师在教学时处处以学生的学习基础、学习状态、感受体验为中心，做到了以人为本。情境模拟非常符合小学一年级学生以形象思维为主的思维方式，以及他们活泼好动、好奇心强、想象力丰富等身心发展特点。因此，在课堂中，学生学习热情高涨,参与度高,互动积极。此外,教师有效地整合了课内资源和课外资源,使学生形成了较完善的知识体系,把教学延伸到课前和课后,连通了课堂教学的各个环节。这样的道德与法治儒雅课堂,使教学更加丰富、有趣,学生的知识面拓宽了,教学目标的达成度提高了,师生变得更加儒雅了。

（湛江市第八小学　冯伟连）

第六章
综合实践活动儒雅课堂
教学模式及经典案例

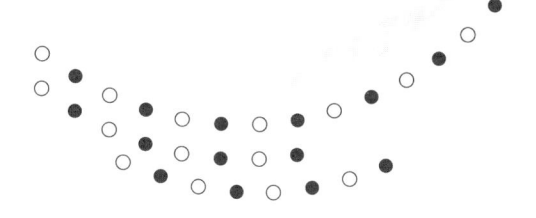

第一节

综合实践活动儒雅课堂教学模式

21世纪是知识经济时代，在多元化发展的趋势下，社会需要更多全面型人才，这就要求我们的教育要促进学生全面、自主、有个性地发展。这也是如今综合实践活动课在小学教育中越来越受到重视的原因之一。结合综合实践活动课程影响因素多、时间跨度长、活动场所多、方式多样化、凸显自主性、安全要求高等实施特点，我们在湛江市第八小学的儒雅课堂教学实践中探索建立了综合实践活动儒雅课堂教学模式。

一、综合实践活动儒雅课堂教学模式概述

1. 课程理念

儒雅课堂教学模式的基本要求是"和、活、实、新"，即建立和谐的师生关系，构建活力课堂，凸显学生的主体地位，以扎实的教学方式和学习方式来打造素质教育课堂。综合实践活动儒雅课堂教学遵循和谐、平等的开放性原则和实用、创新的评价标准，能够使学生在合作交流、自主实践中更好地提高综合素质、发展个性，使学生通过实践探究获得直接经验，培养学生通过自主探究认识客观事物本质属性、获取新知的学习习惯，使学生逐渐形成问题意识和探究习惯。

2. 基本原则

（1）程序性与灵活性相结合原则。

正所谓"无规矩不成方圆"，要做成一件事，必须要规范行为，选好

方法，计划好步骤，即强调程序的作用。尤其是在以班级为单位开展综合实践活动的情况下，程序性规范能节省人力、物力，降低出现安全问题的概率，培养学生遵守纪律、做事有计划的习惯。灵活性是指教师在制订程序性规范时，只给学生"画个圈"，让学生自由发表意见、自主制订活动方案、自主动手实践。

（2）理论性与实践性相结合原则。

没有理论的实践是盲目的。在综合实践活动课中，教师首先要引导学生进行理论学习，在初步了解实践目标，掌握实践内容、方向和方法的基础上再进行深层的实践性学习。没有实践的理论学习是浅层次的，陶行知先生"教学做合一"的教学思想强调做是教与学的核心，主张在"做中教""做中学"。只有将理论运用于实践来解决实际问题，才能真正内化知识。

（3）创新性与实用性相结合原则。

学生经历实践探索后形成的作品或成果要具有一定的创新性和实用性。比如，制作水果拼盘可以在形状组合和颜色搭配上进行创新设计，利用辅助性工具时，要保证水果拼盘制作完成后水果还能食用，避免浪费。

二、综合实践活动儒雅课堂教学基本环节

综合实践活动儒雅课堂教学采用的是"课内主题指导+课外学习实践+课内成果汇报"的形式，主要包括教师教的5种形式、学生学的6种方式，其基本环节如图6-1所示。

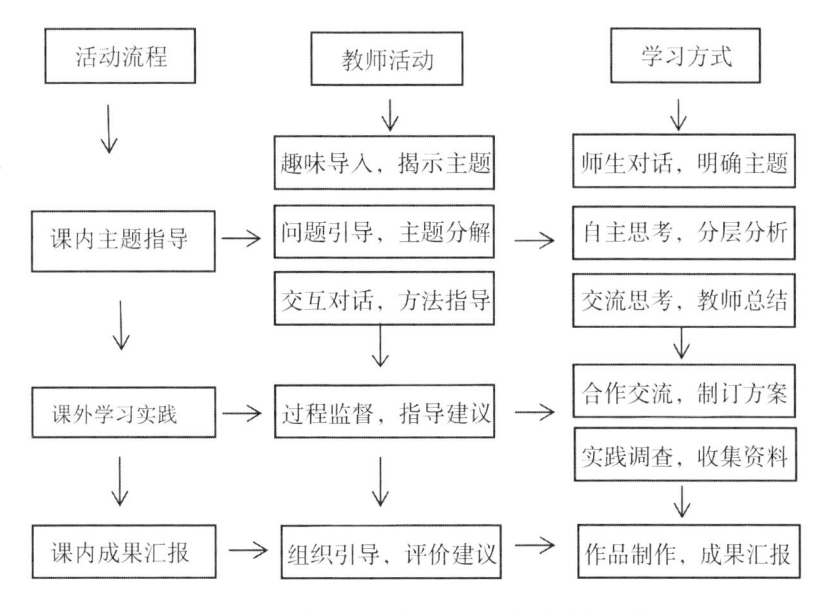

```
活动流程            教师活动              学习方式
   ↓                  ↓                    ↓
              ┌─趣味导入，揭示主题─→师生对话，明确主题
              │                             ↓
课内主题指导─→├─问题引导，主题分解─→自主思考，分层分析
   ↓          │                             ↓
              └─交互对话，方法指导─→交流思考，教师总结
                                            ↓
课外学习实践─→过程监督，指导建议─→合作交流，制订方案
   ↓                                        ↓
                                   实践调查，收集资料
                                            ↓
课内成果汇报─→组织引导，评价建议─→作品制作，成果汇报
```

图6-1 综合实践活动儒雅课堂教学基本环节

1. 课内主题指导

教师在课前根据学生的现实生活和现阶段的成长需要，选取适合学生的综合实践活动主题。课中结合学生的认知基础，以师生、生生平等对话、合作交流等方式，引导学生明确主题、分解主题、掌握实践的基本方法和步骤等。

（1）趣味导入，揭示主题。

教师根据学情、活动主题、活动内容，设计导入环节。导入要能引起学生的有意注意，例如，玩游戏、猜谜语、谈话等有利于激发学生的学习兴趣，为接下来的理论学习和实践学习做好铺垫。学生积极参与活动，明确主题。

（2）问题引导，主题分解。

教师提问："这一主题可以分解成哪几个板块进行调查？结合自身经历，针对这一主题你有什么感兴趣的问题？"引导学生自主思考，让学生在小组内交流自己的想法。教师根据学生的回答，引导学生进行板块分类和总结。

（3）交互对话，方法指导。

教师提问："针对这些板块中的内容如何收集资料？"让学生在小组合作交流中激活思维，增强合作意识。教师总结补充，使学生初步形成系统的实践活动理论体系。

2. 课外学习实践

课外学习实践环节以小组团队合作的形式进行。正式开始前，小组长负责组织组员商议制订实践活动策划案。开始后，组员要尽心尽力做好自己负责的工作，小组长负责全程监督记录，并向教师汇报小组实践情况。教师根据自己发现的问题和小组长汇报的实践情况，及时调整教学策略并进行指导。

3. 课内成果汇报

学生在完成实践调查后，要准备成果汇报或进行作品展示。成果汇报的内容主要包括实践调查的方向、策划案的设计、调查过程中出现的问题和应对方法等。展示的作品是学生根据主题需要，自行设计并制作的跟主题有关的作品，借此来激发学生的创作潜能，提高学生的实践操作能力。

三、综合实践活动儒雅课堂教学操作建议

儒雅教育理念指导下的课堂要求教师在课堂上实施和谐、有活力、平实、有新意的有效性教学，让学生进行和谐、有活力、真实、创新的有效性学习。结合综合实践活动课程"师生共同创生"这一特点，要想让学生在综合实践活动中"以学为乐，学以致用"，要注意以下两点。

1. 注重师生的共生

综合实践活动并不是学生单方面的活动，而是师生合作开发、共同探索的活动。教师和学生都是活动设计的主体，只是两者的分工不同。教师在分析学情和可利用资源的基础上选择、设计主题活动框架，而学生则在教师指导下设计并填充框架的内容，两者缺一不可。在活动开展过程中，师生之间要经常交流互动，在交流过程中相互启迪。

2. 注重问题意识的形成

问题意识表现为学生对某一现象或问题的敏感、关注、怀疑、反思和探究。综合实践活动主要是围绕问题展开实践调查的学习活动，以解决问题、得出结论为结束。在综合实践活动开展过程中，教师要有意识地让学生从生活中发现问题，使学生在对问题展开怀疑和实践验证的过程中形成问题意识，激发学生的创新思维，增添课堂活力。

第二节

走进中国传统节日的调查实践

——以"走进中国端午节"为例

一、教学设计

1. 设计思路

要贯彻儒雅课堂教学模式"和、活、实、新"的基本要求，首先要对实践活动的内容和方向进行统筹规划，以学生为中心，充分发挥学生的自主能动性和教师的引导作用，让学生在"做中学，学中做"的过程中真正领略中国传统节日文化的魅力，提高学生信息获取及体验感知的能力。让学生围绕端午节的文化内涵这一核心内容，以小课题研究的形式，小组决定感兴趣的课题并自主讨论、制订研究方案。学生通过探讨方案、调查采访、信息收集与处理、展示与评价等一系列实践活动，了解端午节的文化内涵，增强对祖国、对家乡、对人民的热爱之情。

2. 活动目的

（1）通过开展实践活动，收集、整理资料，进行调查访谈，体验课题探究的过程与方法，获得参与实践的积极体验和丰富经验。

（2）从端午节的由来、发展、民间故事、风俗习惯及意义等多个角度认识、分析和探究端午节这一传统节日，进一步增强对中国传统节日文化的理解和体验，发展对中国传统节日文化的尊重意识。

（3）通过亲手包粽子，锻炼动手能力，提高劳动技能与操作技巧，在实践过程中加深对端午节的认识，激发对中国传统节日文化的喜爱之情。

（4）通过多种形式的展示汇报，培养创新精神和实践能力，提高口语表达能力。

3. 教学重难点

教学重点：了解端午节文化，增强对中国传统节日文化的喜爱之情；通过自主探究，小组合作调查、采访、交流、汇报，培养协作探究的精神、学习交流的能力、相互欣赏的意识。

教学难点：掌握正确的调查探究方法，提高综合实践能力。

4. 学情分析

本节课的教学对象是小学五年级的学生，受多元文化的影响，他们了解西方的许多节日，却对中国的有些传统节日文化知之甚少。因此，本次活动通过调查、访谈、动手制作等方式，让学生与家人、同学、教师来一次对端午节传统文化的深入探讨，走进端午节，对端午节有趣的风俗习惯和丰富的节日文化有较为全面的了解。另外，五年级学生以抽象逻辑思维为主，具备顺利开展本次活动所需要的独立思考、合作探究、信息收集与整理以及动手操作等能力。

5. 活动内容分析

本节课将端午节传统文化知识与探究方法相结合、动手制作与情感体验相结合。对文化知识的学习主要引导学生从端午节的由来、发展、民间故事、风俗习惯等方面展开调查访谈、信息收集与整理、交流讨论、自主学习。在实践探究方面，注重学生对探究方法的理解和掌握，对于实践经验较少的小学生而言，这具有一定的难度，因此，本次活动的实践探究是教师引导下的学生实践。整个活动以探究方法为主线，将学生的认知过程和实践过程相结合，让学生在学习端午节传统文化知识的同时，学习实践探究的方法，体验"选定主题—制订方案—亲身实践—成果汇报"的实践探究的一般过程。

6. 教学策略

主题分解阶段：端午节作为中国的传统节日，是众多学者调查研究的热点。因此，本次主题分解主要让学生在网上收集文献资料，自主进行主题分解，自主确定调查的方法和步骤。

实践探究阶段：学生5~6人为一组，采用小组分工合作的形式进行调查、采访、资料的收集与整理。教师作为引导者和指导者，主要任务是引导学生进行小组讨论，选择感兴趣的调查主题，并制订调查方案；在学生实践过程中，根据小组情况进行有针对性的指导。

汇报学习阶段：学生自主选择汇报方式，如口头汇报、讲故事、情景表演等。教师作为课堂活动的组织者和引领者，要在学生汇报过程中，根据汇报内容进行适当提问，促使学生积极思考；同时采取多元化评价方式，从实践内容、探究方法、调查过程、汇报形式等方面对每个小组的实践成果进行恰当的评价。

7. 教学过程设计

表6-1　"走进中国端午节"教学过程设计

活动环节	教师活动	学生活动	设计意图
课外学习实践	1. 根据组内异质、组间同质原则拟定5~6人为一小组，综合组员意见选定组长 2. 根据小组不同的调查方向，发布"走进中国端午节"自主探究任务，如收集端午节的由来、发展、风俗习惯等资料，调查当地居民过端午节的风俗习惯，跟家人一起包粽子等 3. 跟踪了解每个小组的实践活动过程，针对出现的具体问题给予适当的方法指导 4. 根据学生的汇报情况，及时调整教学重难点	1. 组长组织组员讨论调查方向，制订调查方案，细化任务，分配具体任务到个人 2. 小组合作将收集到的资料进行筛选、整理，组员在导学案中记录好收获与体会 3. 组长记录组员的调查过程和调查结果，向教师汇报小组实践情况	1. 培养学生通过网络收集资料的能力，发展学生的信息意识 2. 通过小组讨论，提高学生的合作交流能力、方案策划能力，培养学生的团队意识 3. 通过导学案和组长汇报，较全面地掌握学生的实践情况，为后续教学内容的展开打下基础

第六章　综合实践活动儒雅课堂教学模式及经典案例

（续表）

活动环节		教师活动	学生活动	设计意图
课内成果汇报	准备课堂主持工作	选择两名课堂主持人，与其交流汇报流程，让其自行拟写主持稿，教师负责修改完善，进行彩排指导	两名课堂主持人相互交流，根据教师的要求拟写主持稿，在教师修改完成后，两人配合练习，并在教师指导下进行彩排	1. 充分体现学生的主体作用和教师的主导作用，最大限度地将课堂还给学生 2. 通过上台主持，提高学生的自信心
	精彩开场，激发热情	谈话导入：在过去的一个星期里，老师通过同学们上交的导学案和组长的汇报，知道了每个小组都做了充足的准备，感受到了大家对本次活动的期待。相信接下来各小组的汇报不会让老师失望，期待你们的精彩表现	主持人精彩开场：在过去的一个星期里，我们以小组合作的形式进行了"走进端午，话端午"的研究性学习。同学们可谓火力全开，积极参与，让我们共同期待今天的成果汇报。事不宜迟，下面我们就请各小组代表依次上台来展示自己的活动成果	肯定学生的积极实践，以正强化的方式提高学生学习的积极性，同时吸引学生的注意力，激发全体学生的参与热情
	依次汇报，展示成果	1. 在小组代表汇报过程中根据汇报内容提出疑问，引导学生思考问题的方向，营造全班学生积极思考的学习氛围 2. 采取多元化的评价方式，对学生的汇报内容、汇报形式、台上表现进行评价	1. 每组派一名成员与教师组成评委组，按照给定标准进行评价打分 2. 认真听取同学的汇报，积极思考教师提出的问题，获得新发现	1. 让学生通过听取各组汇报、对比分析汇报内容和汇报形式，去粗取精，产生新的认识 2. 通过师评、生评、自评的评价方式，不断激发学生思维的活跃性

157

（续表）

活动环节	教师活动	学生活动	设计意图
课内成果汇报 厘清脉络，精彩总结	1.播放一段介绍端午节的短视频 2.总结各小组收集的端午节传统文化资料、调查步骤和方法、汇报内容、汇报形式，以及学生讨论的精彩之处 3. 小结：在我们的综合实践活动中，过程永远比结果更重要！这节课不是结束，而是开始。希望你们在今后的实践活动中能运用到在本次活动中收获的知识和经验	与教师一起总结汇报的精彩之处，并做好笔记	活动总结是为了让学生全面了解传统节日文化，提高学生学习中国传统节日文化的兴趣，同时使学生厘清活动流程，把握探究方法，提高探究学习能力

二、教学实际过程描述

本节课主要围绕实践探究展开。

首先，让学生小组讨论并制订详细的调查计划，如采访环节要采访谁、谁去采访、谁记录、记录的方式、采访的时间、采访的问题、采访时的注意事项等，充分发挥学生的自主能动性和教师的引导作用，让学生在教师的指导下自主分工完成资料收集，访谈，信息筛选、整理和汇总等任务。

其次，在活动汇报过程中，学生依次上台汇报。这一环节实际上也是实现资源共享、相互交流意见的一个过程。学生通过对比分析，把自己已有的知识和别人的知识进行比较，在这一过程中进行自评和他评。在该环节，应给予学生足够的时间和空间，培养学生的分析能力和评价能力，促进学生思维的发展。

最后，活动总结阶段，从端午节的由来、发展、民间故事、风俗习惯等方面引导学生总结在本次活动中学到的传统文化知识，同时提醒学生今后在过端午节时多去观察家乡过节时的风俗习惯，积极参加节日活动。在引导学生归纳总结调查方法的同时，鼓励学生经常运用科学的方法去实践。

三、教学反思

1. 注重实践能力的培养

本次的"走进中国端午节"综合实践活动以学生调查探究为主，并将课内外活动相结合。在活动开展过程中，努力做到"六让"：目标——让学生明确；过程——让学生参与；新知——让学生发现；资料——让学生收集；内容——让学生自选；结论——让学生归纳。在学法指导方面，结合学生的生活经验，充分将现代信息技术与课堂教学有效整合，使教师的"教"和学生的"学"都有了质的飞跃。通过本次活动，学生体验了以小组为单位进行合理分工的调查方式，学会了填写综合实践活动调查记录表和研究记录表。

2. 注重调查方法的指导

通过组长汇报和学生上交的研究记录表，我了解到学生在实践过程中出现了不少问题，如查找文献资料的方式不对；个别小组的资料填写不够完善，只注重资料的查阅，忽略了资料的整理；等等。因此，我根据学生出现的具体问题进行了有针对性的方法指导，让学生在做中"改"，在"改"中学，掌握了一系列的调查探究方法。

（湛江市第八小学　吴燕）

第三节

了解日常饮食营养的问题研究教学

——以"水果学问知多少"为例

一、教学设计

1. 设计思路

综合实践活动要突出学生的主体性，学生对课题的自主选择和主动实践是实施综合实践活动的关键。本次综合实践活动课以学生认识日常水果为基础，首先让学生在日常买水果、吃水果的过程中发现自己感兴趣的课题，然后自主制订活动方案并收集资料，最后在课堂中进行汇报分享、制作水果拼盘等活动。这样的教学有利于学生脱离"纸上谈兵"的学习方式，对培养学生的问题意识、实践调查能力和合作交流能力以及激发学生的学习兴趣有着不可忽视的作用。

2. 活动目的

（1）了解有关水果的知识，清楚水果与人们的生活、健康的联系，知道要科学食用水果。

（2）通过小组合作和集体交流，培养自主提出问题、梳理归纳问题的意识和能力，提高口语表达能力和小组合作学习能力。

（3）经历自主提问、自主选题、自主结组、自主探究的过程，激发自主能动性，提高自主学习能力；通过自主设计并制作水果拼盘活动，培养创新精神，提高动手能力。

（4）通过对水果相关知识的探讨，激发对水果进行探究学习的兴趣。

（5）通过了解水果与人体健康的关系，增强科学食用水果的意识，同时体会"生活处处皆学问"的道理，获得实践体验，感受成功的喜悦。

3. 教学重难点

教学重点：了解常见水果的营养价值及其与人体健康的联系；提出感兴趣的问题，梳理、归纳并确定有价值、易操作的研究课题。

教学难点：体验开展研究活动的一般步骤与方法，培养观察能力和分析、比较的思维能力。

4. 学情分析

对于四年级学生来说，经过日常生活经验的积累，或多或少都知道一些有关水果的知识，但不全面，存在一些认识误区。因此，了解各种水果的营养价值和科学合理食用各种水果的方法，有利于学生的健康成长。另外，这一年龄段的学生好奇心和求知欲较强，容易在教师的引导下产生疑问，进而进行问题探究，提升活动课程的教学效果。

5. 活动内容分析

水果的营养价值越来越受到人们的肯定与重视，但因不了解水果对人体的具体价值和食用方法而不能合理食用水果的现象同样存在。因此，本次活动的主要内容有以下几个：认识并了解常见水果的营养价值和食用注意事项，如橙子富含维生素C，但舌红苔少、糖尿病、过敏体质患者不宜食用；了解水果与身体健康的密切联系，如有呼吸道感染的病人，宜吃梨、枇杷、橙子、柚子、杏、罗汉果等有润肺止咳功效的水果；举办"我是小小营养师"活动，让学生根据所查资料，自主设计并制作一份营养丰富的水果拼盘。

6. 教学策略

本次活动包括两节课内活动和一节课外探究活动（3天）。具体的教学步骤包括：谈话导入，揭示主题；初步感知，激发兴趣；提出问题，分解主题（课内第一课时）；小组合作，实践探究（课外）；汇报总结，动手制作（课内第二课时）。

课内第一课时：教师先以谈话、提问的方式呈现学生所不了解的有趣的水果知识，激发学生的学习兴趣；接着提出问题，一步步引导学生对问题进行分类归纳，从而将主题进行细化分解；最后让学生自行选择感兴趣的小课题进行实践探究。

课外实践探究：让学生以小组合作的形式制订实践方案，分工合作，共同完成实践任务并制作一份汇总报告。

课内第二课时：小组代表上台汇报小组的实践过程和实践成果。小组汇报完毕后，让学生结合所学知识，自主设计并制作一份水果拼盘。

7. 教学过程设计

表6-2　"水果学问知多少"教学过程设计

教学环节		教师活动	学生活动	设计意图
课内第一课时	谈话导入，揭示主题	1. 猜谜语。黄金衣服包银条，中间弯弯两头翘。（打一水果） 青青果子浑身毛，绿色果肉味佳肴。（打一水果） 2. 水果有着可爱的外形、甜美的味道、丰富的营养，深受人们喜爱。你们都喜欢吃什么水果？为什么？老人、病人或小朋友也能吃这种水果吗？（融入一些水果知识）	1. 与同桌一起猜谜语 2. 根据教师给出的问题进行思考，学习水果知识	1. 通过学生感兴趣的猜谜语的方式导入课题，吸引学生的有意注意，激发学生的学习兴趣 2. 通过接近学生现实生活的问题，引发学生思考，并在问答的过程中融入水果知识，让学生初步感知水果中蕴含着学问，为下面的学习做好铺垫

第六章　综合实践活动儒雅课堂教学模式及经典案例

（续表）

教学环节		教师活动	学生活动	设计意图
课内第一课时	初步感知，激发兴趣	1. 课件展示不同地域、不同季节的水果 2. 课件出示水果多种吃法的图片，如水果拼盘、沙拉等 3. 提问学生日常生活中常出现的有关水果的吃法、功效、挑选方法、营养价值、保存方法、文化等问题，纠正学生对食用水果的认识误区	1. 认识不同地域、不同季节的水果；学习水果的不同吃法，了解食用水果的重要性 2. 结合自身情况，根据教师给出的问题进行思考、回答。在教师讲解认识误区时认真听讲，纠正自己的错误认识	通过对多种水果知识的初步学习，拓宽学生对水果的认识，激发学生深入探究的好奇心
	提出问题，分解主题	1. 提问：关于水果，你最想知道什么（吃法、功效、挑选方法、营养价值、保存方法、文化等）？让学生在小组内说一说，把问题进行分类整理，把有研究价值、通过研究可以解决的有可操作性的两个问题写到问题纸上 2. 让每个小组都上台展示自己整理的问题，展示完毕后，教师引导学生对全部问题进行筛选分类，分解主题	1. 组内分享、讨论自己的问题 2. 与组员讨论，筛选出有研究价值的两个问题 3. 根据教师的引导，一起对全班提出的问题进行筛选分类和主题分解	1. 让学生经历"提出问题—筛选问题—问题分类（分解主题）"的一系列过程，学会将一个大主题分解成一个个小课题进行研究 2. 让学生在小组内表达自己的想法，一起讨论、筛选问题，培养学生的表达能力和小组合作意识
课外实践探究		1. 让学生自主选择感兴趣的小课题进行课外实践探究 2. 通过学生的实践记录表和组长的汇报，了解学生的实践情况并及时进行评价、指导	1. 小组自主选择喜欢的小课题，制订调查方案 2. 根据教师的评价、指导，及时改进调查方法	让学生通过自主选择课题、制订调查方案、调整调查方法，提高学习主能性和综合实践能力

163

(续表)

教学环节		教师活动	学生活动	设计意图
课内第二课时	汇报总结	1. 让小组以PPT的形式汇报调查过程和调查结果 2. 从小组调查方法、组织形式、调查结果等方面给予小组适当的评价 3. 所有小组汇报完毕后，引导学生对水果知识、调查方法和步骤进行总结	1. 分工对调查结果进行整理、分析，并制作汇报PPT等 2. 各小组代表上台汇报 3. 总结汇报过程中涉及的水果知识、调查方法和步骤	各小组汇报的过程，也是让全班学生相互借鉴、拓展学习的过程，小组汇报使学生增加了经验，巩固、拓展了所学知识
	动手制作	1. 让学生以小组为单位根据提供的水果材料和所学知识制作一份营养丰富的水果拼盘 2. 在学生动手制作的过程中对其进行指导与建议	小组以水果某一方面的知识为依据，讨论并制作一份水果拼盘	通过理论运用、动手实践，培养学生的创新精神，提高学生的动手能力

二、教学实际过程描述

本次活动主要分为课内主题分解、课外实践探究、课内总结汇报三大环节。

课内主题分解：首先，教师与学生谈话导入，揭示主题；其次，教师向学生介绍一些有关水果的知识并提出问题，让学生思考、讨论并判断对错，纠正学生在水果的吃法、功效、挑选方法、营养价值、保存方法以及文化等方面存在的认识误区；最后，让学生从这几个方面说出自己的疑惑，引导学生对问题进行筛选分类，形成研究小课题。

课外实践探究：为充分发挥学生的自主能动性，教师只对学生进行必要的指导，从选题、方案制订到分工合作，全部让学生自主完成。

课内总结汇报：让学生通过小组汇报的形式进行各小组间关于水果知识、调查方法的交流与分享。同时，通过制作水果拼盘，让学生巩固所学知识，加强将理论运用于生活实际的意识，增添学习的趣味性。

三、教学反思

1. 关注学生创新意识的培养

本次活动的最后是自制水果拼盘环节，让学生自由选择不同的水果以小组为单位结合所学知识讨论并制作有创意的水果拼盘，为学生的个性发展提供了开放的空间。此次活动培养了学生的综合实践能力及相互合作、探究创新的意识，同时也使学生掌握了科学食用水果的方法。

2. 注重对学生自主选题的引导

主题的确定既不能由教师一手包办，也不能完全不加引导地由学生盲目选择。本次活动我在选定大主题的前提下，引导学生逐步把大主题分解成多个小课题，再让学生根据兴趣选择自己要调查研究的小课题。这样的选题方式缩小了选题范围，降低了研究难度，既能让学生主动发现问题、提出问题，又能激发学生调查、实践的积极性。

（湛江市第八小学　梁芳）

第四节

回顾成长足迹的总结反思教学

——以"我的成长册"为例

一、教学设计

1. 设计思路

六年级的学生已经积累了一定的生活经验，对各种人和事物比较敏感，但自我分析、自我评价、调节情绪、缓解压力等方面的能力还比较弱。因此，把它与小学语文六年级下册第六单元综合性学习"成长足迹"的教学内容进行了有机结合，让学生通过用图片激发回忆、收集并整理成长资料、制作成长册等活动，总结反思小学六年的学习经历，让学生了解自己的优点与不足，增强自信心，为更好地迎接中学的学习和生活奠定良好的心理基础。

2. 活动目的

（1）经历资料收集与整理、制作成长册的过程，掌握规划板块、整体布局的思路、方法，提高信息收集能力、整理能力和动手操作能力。

（2）通过自主创新设计成长册，增强创新意识，提高创新能力。

（3）通过总结经历，发现自己的优点和缺点，正确认识自己的缺点，培养欣赏和发扬自己的优点、改正自己的缺点、争取不断进步的行为习惯。

3. 教学重难点

教学重点：回忆自己小学六年的成长历程，在收集资料的过程中自觉养成良好的整理资料的习惯，感受成长的快乐；通过制作成长册，激发创新潜能，锻炼动手能力。

教学难点：根据自己的实际情况整体规划成长册布局，设计出有新意的成长册。

4. 学情分析

从心理特点与认知程度来看，六年级的学生性格较稳定，但自我反思能力不足，对自我的认知不清晰。在这样一个特殊的心理成长过渡阶段，学生需要通过对以往六年的校园生活进行回顾，发现并总结自己的进步与变化，提高自我认知。

许多学生可能未保留能反映自己成长和进步的照片、奖状、证书、作业本、成绩册、评语等，这就需要教师充分挖掘学生在校园生活中特别的事例，唤醒学生的美好记忆。

从意识观念和能力基础来看，六年级的学生已具有一定的合作意识和动手能力，教师应结合实际情况，指导学生交流成长册的规划和布局、收集资料的方向和方法、制作成长册的注意事项等，让学生根据自己的设想动手制作成长册。

5. 活动内容分析

本次实践活动的内容主要通过课内谈话教学，让学生全面了解收集自己的成长资料可以从哪些方面着手，如采访邻居他们看到的自己的变化，询问父母他们眼中自己的成长，找出自己从一年级到六年级获得的奖状、证书以及一些良好行为习惯的证明图片等。给学生一个星期的时间，即课外资料收集实践周，让学生自主完成资料收集和整理任务，提高学生的信息收集、整理能力。再给学生一个星期的时间，即成长册制作实践周，让学生在参考网络作品和旁人意见的基础上，自行设计并制作有自己特色的成长册。最后举办作品展示、交流评比活动。

6. 教学策略

本次活动主要包括两节课内交流活动、一个星期的自主资料收集活动以及一个星期的成长册的设计和制作活动。具体的活动流程是：课内谈话，规划板块（课内第一课时）；校内校外，资料收集；创新设计，成长册制作（课外实践）；作品展示，交流评比（课内第二课时）。

课内第一课时：教师以提问的方式引导学生一步步规划好板块，初步形成成长册的整体布局。

课外资料收集和成长册制作环节：共用时两个星期。拟定4~5人一组，选定组长，负责监督组员的实践进度和情况，向教师汇报。实践过程中允许学生寻求教师、家长和同学的帮助，但要求学生本人参与资料收集和成长册设计制作的全过程。

课内第二课时：小组依次上台展示作品，通过学生讲解作品、学生发表成长感悟、教师选择性提问、教师评价等环节，培养学生的表达能力，增强学生的自我表现意识。

7. 教学过程设计

表6-3　"我的成长册"教学过程设计

教学环节	教师活动	学生活动	设计意图
课内第一课时 谈话激趣，导入主题	提问1：还记得六年前迈入小学大门的情景吗？（投影照片，请学生分享经历） 提问2：还记得四年级时开展"十岁成长礼"活动时的情景吗？（播放"十岁成长礼"小电影，请学生分享当时或者看到小电影后的感想） 小结：不知不觉间，六年的日子就这样流逝，昔日的小朋友长成了一个个小姑娘、小伙子。（投影学生近期的生活、学习照片）如果要为你们六年的学习生活制作一份成长册，你会怎么做呢	1.学生分享自己入学时的情景 2.学生分享感想 3.发表关于制作成长册的想法	以图片和影像的方式唤醒学生的记忆，引导学生从多个角度回顾小学六年的生活，感受成长的过程，激发学生的情感，顺势导入主题

(续表)

教学环节		教师活动	学生活动	设计意图
课内第一课时	规划板块，整体布局	提问1：你们知道成长册包括哪几个方面的内容吗 小结：主要包括学校生活、社区生活、家庭生活、成长感言等方面，重点放在学校生活上 提问2：这些内容大体上可以规划为几个板块？（根据学生发言，相机板书） 提问3：能给这些板块取个好听的名字吗 如"难忘瞬间""好书过目""我的名言""收藏展台""我的爱好""优秀作业展示""老师寄语""同学赠言"等	1. 就成长册的内容发表自己的意见 2. 初步设想成长册的内容板块并进行整体规划 3. 做好教师小结笔记，以便之后参考这些思路框架进行实践活动	通过由表及里的问答，让学生逐步了解成长册的组成、规划方法及整体布局
	思考交流，方法指导	提问：在已确立板块的基础上，要收集哪些方面的资料？如何收集？请同学们在小组内交流 评价、总结、补充学生的回答	思考并在小组内交流，组长负责记录组员提出的要收集的资料和资料收集方法，讨论结束后上台分享讨论结果	在组内交流分享，能使学生在更加全面地了解资料收集的方向和方法的同时，提高交流合作的能力
课外实践	收集并整理资料	通过组长对组员实践进度和出现问题的汇报，及时了解学生的实践情况，并为学生提供有针对性的指导和帮助	1. 收集能反映自己成长历程的资料或照片，如素质报告书、获奖证书、发表的作品、参赛照片等 2. 通过与邻居及父母进行交流，了解他们眼中"我"的成长情况，如生活习惯、待人处事、性格养成等方面的成长 3. 按照板块要求，分类整理自己收集的资料	通过翻找资料和照片、调查访谈，勾起学生的回忆，增强学生对童年成长的美好感受，同时也有利于让学生用新的视角重新审视自己，提高自我认知

169

（续表）

教学环节	教师活动	学生活动	设计意图
课外实践	设计并制作成长册	1. 利用放学后的几分钟时间跟学生说明制作成长册需要的基本材料 2. 提出要求：在进行创作时可以参考别人的优秀作品，但不能抄袭，要有自己的想法和特色	1. 在收集资料、参考网上优秀作品或他人建议的基础上，发挥自己的想象力和创造力，设计成长册的封面、序言，进行照片排版 2. 选取制作材料，制作成长册	让学生通过自主思考、设计，激发想象力和创造潜能；通过动手制作，达到"学做合一"
课内第二课时	作品展示，交流评比	1. 公布展示活动的形式、流程及评分标准 2. 引导学生按活动流程有条不紊地开展活动 3. 在学生解说作品的过程中，适时向学生提问，锻炼学生的思维能力和应答能力，营造思考交流的学习氛围	每个小组选出一名代表与教师组成评委团，按照事先公布的评分标准进行打分	通过作品展示、交流评比，让学生经历一次手工创意大赛，积累活动经验

二、教学实际过程描述

本次活动主要围绕学生的"成长足迹"这一主题展开。在课内第一课时的教学中，教师先通过谈话的方式把学生带入回忆，提出制作成长册的要求，导入课题；接着以提问的方式引导学生了解成长册的板块、整体布局设计；最后小组思考交流，教师总结补充，使学生明晰自己的实践方向和方法。

课外实践环节主要包括"收集并整理资料"和"设计并制作成长册"两个小实践活动。实践过程中部分学生遇到难题，向小组成员或教师寻求帮助，形成了师生、生生相互学习、共同创生的实践氛围。

在课内第二课时的教学中，教师先公布评分项目——作品内容的丰富程度、呈现形式的创新程度、作品解说的生动性等，接着进入作品展示环节，学生解说和应答，教师用口头语言或肢体语言鼓励学生大胆说出自己的想法、张扬自己的个性，营造了平等、舒适的交流氛围。

三、教学反思

1. 注重做中体验与"学做合一"

本次"我的成长册"综合实践活动主要是让学生在回忆、收集资料、制作成长册的过程中体验成长的快乐。在综合实践活动中，我秉持"以做来教、以做来学"的理念，让学生在做中体验，所以没有花太多精力在学生的成果汇报上，因为我觉得综合实践活动的成果固然值得重视，但过于渲染成果而忽视实实在在的过程，忽视过程中教育资源的挖掘和学生潜力的开发，是不可取的。

2. 区分综合实践与学科教学

目前还存在着教师以"教"的方式来实施综合实践活动的现象，如实践活动的开展范围只限于学校内甚至是教室内，把综合实践活动课按学科教学的方式来上。为避免出现"复习已学知识、引入新课、教师讲授、学生讨论、发表感言、课堂练习"的传统学科教学的设计，本次"我的成长册"综合实践活动的设计与开展，我以学生、活动、经验为中心，设计了具有开放性、灵活性、共生性的校外资料收集和成长册制作环节，收到了不错的效果。

（湛江市第八小学　梁洁菁）

参考文献

［1］余香，陈柔羽，王林发.教育需要播种温暖：谢文东与儒雅教育［M］.重庆：西南师范大学出版社，2015.

［2］顾建军.小学综合实践活动设计［M］.北京：高等教育出版社，2005.

［3］广东省教学教材研究室.小学综合实践活动课程教师参考书：第2版［M］.广州：广东教育出版社，2004.

［4］陶海林.小学教师综合实践活动课攻略大全［M］.长春：东北师范大学出版社，2010.

［5］杜时忠.三论"德育实效"［J］.江苏教育（教育管理版），2009（8）.

［6］熊宁宁.夯实基础，螺旋式发展：部编义务教育语文教科书一年级下册分析［J］.小学语文教与学，2017（5）.

［7］宋运明，张学杰.小学课堂中数学任务特征研究：基于G省小学数学优质课观摩交流活动［J］.课程·教材·教法，2018（11）.

［8］李祎.别被理念绑架教学［J］.数学通报，2019，58（2）.

［9］李思远.激发学生学习动机　提高英语课堂效果［J］.中国教育学刊，2018（7）.

［10］杜建军.论新型师生关系的构建：基于哈贝马斯交往行为理论的研究［J］.河南大学学报（社会科学版），2018，58（4）.

［11］张宏娟.建构主义和英语语言学课堂教学［J］.中国教育学刊，2015（A1）.

［12］王正海.小学英语课堂情境活动的设计［J］.教学与管理，2015（8）.

［13］李凌娜，周丽华.六年级小学生应对方式与主观幸福感的关系［J］.中小学心理健康教育，2018（16）.

［14］赵旭.高中思想政治课教学中小组合作学习存在的问题与对策研究［D］.石家庄：河北师范大学，2018.